EL DOMADOR

40 PROPUESTAS

DE

PARA DOMINAR TU MENTE

CEREBROS

Y MEJORAR TU VIDA

DAVID SERRANO

KOLIMA
BOOKS

Título original: *El domador de cerebros, 40 propuestas para dominar tu mente y mejorar tu vida*

Primera edición: Abril 2019
© 2019 Editorial Kolima, Madrid
www.editorialkolima.com

Autor: David Serrano
Dirección editorial: Marta Prieto Asirón
Maquetación de cubierta: Sergio Santos Palmero
Maquetación: Carmen Ruzafa, Carolina Hernández Alarcón

ISBN: 978-84-17566-31-9
Depósito legal: M-12807-2019
Impreso en España

A mis padres, por crear la oportunidad.
A mi hermano, por acompañarme.

ÍNDICE

PRÓLOGO

Corría el mes de julio del año 2016. Recogía los análisis de sangre del laboratorio y estos me confirmaban que el estrés volvía a pasar una segunda factura a mi salud. Lejos de haber entendido el mensaje la primera vez, necesité este segundo aviso para terminar de darme cuenta de que algo no iba bien en mi vida. Mantenía un negocio exitoso, me lanzaba a emprender uno nuevo, me asociaba en otros dos proyectos empresariales, acumulaba cinco mudanzas y una pérdida familiar reciente.

Casi a regañadientes frené en seco. Mi cuerpo no me daba tregua y cada día a las seis de la tarde me resultaba un triunfo mayor mantenerme literalmente en pie.

Tuve que parar.

Y parar significó renunciar a trabajar, alejarme de los proyectos, asentarme en casa y cortar los cientos de hilos a los que me había atado. De repente, los abismos del silencio, la soledad y la contemplación se abrieron frente a mí. Mirar hacia atrás ya no era una opción. Si quería seguir adelante, mi salud debía ser la prioridad.

No te contaré cada detalle de todo lo que cambié, pero sí me detendré en uno.

Una vez asimilado el nuevo ritmo de vida más pausado, más centrado en cuidarme y en observar desde la calma todo lo que me rodeaba, un día me asaltó la gran duda: «Si muriera mañana, ¿qué aporté con mi vida para hacer de este mundo un lugar mejor?».

Esta pregunta se levantó sobre mí como los Himalayas se elevan ante los valientes montañeros a punto de comenzar su ascensión. Sentí un vértigo inverso, desde abajo, sin haber ascendido ni un metro, desde la incapacidad de responder con alguna propuesta de valor. Miré hacia atrás buscando hechos significativos y solo encontraba grandes dosis de trabajo reconocido y bien remunerado, pero la pregunta volvía a abalanzarse sobre mí.

A medida que profundicé en cuidarme y en reconectar conmigo, recordé quién había sido hasta la fecha: un buscador, un incansable buscador de respuestas, de métodos, de filosofías, de maestros y de prácticas... Albergaba en mí, cuanto menos, la experiencia de haber vivido y transitado por parajes interiores dignos de ser compartidos. Y fue ahí donde nació la idea que hoy sostienes entre tus manos en forma de libro. Es el resultado de un año de observación y recuerdos puestos en palabras desde la calma.

El domador de cerebros no es la solución, no es la respuesta y no es el método, pero contiene soluciones, respuestas y métodos.

Nunca he creído en soluciones universales ni en verdades absolutas, por lo que no he querido profundizar más allá en las propuestas para no condicionarte. Simplemente he perfumado cada capítulo con una fragancia diferente, de modo que sea esta la que guíe tus pasos si así lo sientes. En la bibliografía encontrarás algunas pistas para poder seguir ahondando si algo en concreto llama poderosamente tu atención.

Mi objetivo, de este modo, no es otro que despertar tu brújula interior y ofrecerte propuestas prácticas para que puedas mejorar tu vida y, en consecuencia, la de tu entorno. Recuerda que tu cerebro solo puedes domarlo tú, y eso requiere de esfuerzo, compromiso y algunas dosis de confianza en aquello que aún no ves. Te animo a que salgas de las teorías y a que pongas en práctica los capítulos; verás cómo pronto comienzas a ver resultados.

CÓMO PUEDES LEER ESTE LIBRO

La lectura de *El domador de cerebros* puede ser lineal si así lo deseas, aunque también puedes leer los capítulos al azar, porque cada uno tiene entidad propia y no siguen un orden específico.

Quizá sería interesante atender consecutivamente a los capítulos del 29 al 32, puesto que se edifican sobre los mismos cimientos —expuestos en el 29—. Y, del mismo modo, del 33 al 36. Si no, no te preocupes y fluye como lo sientas; también les encontrarás tu sentido.

Son todos los capítulos muy breves, intensos y concisos, porque valoro tu tiempo tanto como el mío. Les he dado la forma de herramientas prácticas para que logres resultados y puedas modificar tus programas mentales obsoletos, incorporando así nuevos patrones de conducta y pensamiento más saludables.

En definitiva, mi intención detrás de cada capítulo es mostrarte algunos atajos hacia una vida más plena, desvelándote cómo tu cerebro te está condicionando sin que te des cuenta. Así, aplicando las propuestas contenidas en este libro, ten por seguro que entrarás en la autopista principal que conduce al logro de una vida más saludable y emocionalmente equilibrada. ¡Solo tendrás que tomar acción!

Una vez leído, me haría ilusión que pudieras regalárselo a alguna persona a la que sientas que puede aportarle valor a su vida, de modo que el libro se convierta en algo que nos vaya conectando. Espero de corazón que lo disfrutes, que cobre sentido para ti y que te ayude a mejorar tu vida.

«No creas en el valor de las tradiciones aunque hayan sido honradas durante muchas generaciones y en muchos lugares; no creas nada por el solo hecho de que mucha gente lo crea; no creas en el valor de las antiguas epopeyas; no creas en lo que tú has imaginado pensando que te ha sido inspirado por un dios. No creas nada que se base solo en la autoridad de tus maestros o de los sacerdotes. Tras haberlo examinado, cree solo lo que tú, por ti, hayas puesto a prueba y te haya parecido noble, y lo que es para tu bien y para bien de los demás».

EXTRACTO DEL KALAMA SUTRA

EL DOMADOR

40 PROPUESTAS

DE

PARA DOMINAR TU MENTE

CEREBROS

Y MEJORAR TU VIDA

1. SUELTA

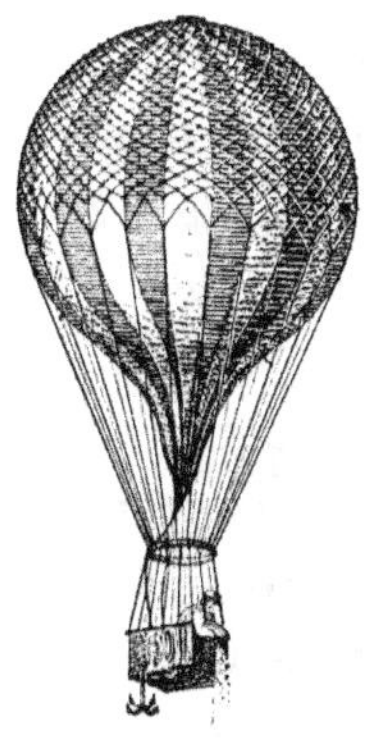

«Cuando dejo ir lo que soy, me convierto en lo que podría ser. Cuando dejo ir lo que tengo, recibo lo que necesito».
Lao Tse

Habrás leído y oído un centenar de veces aquella frase de que «la vida comienza al final de tu zona de confort». Como toda frase inspiradora, nos traslada por un momento a un lugar soñado, y pasados unos segundos nos devuelve de golpe al presente rutinario. Y podemos seguir leyéndola una y otra vez, porque sabemos que cada vez que lo hacemos encontramos en ella algo de nuestro «yo» soñado.

Tu «zona de confort» no es otra cosa que tus miedos puestos al volante de tu vida, tus excusas atándote a lo conocido, tus creencias tapándote los ojos y todo aquello a lo que te agarras para no asumir el control de tu destino.

Sí, la única distancia entre tú y tus metas son los cambios y una buena disposición emocional. Y es que los cambios entrañan aprendizaje, crecimiento y trabajo por tu parte. Este es uno de los motivos por los que muchas personas permanecen soñando una vida mejor y mueren contemplando sus sueños.

Lograr las metas que te propongas requiere cambios en tu vida, y estos cambios exigen desapego. ¿Me sigues? El desapego es tu capacidad para soltar, dejar marchar, liberar, vaciar y quitar cadenas. El desapego es uno de los grandes retos a los que nos enfrentamos cotidianamente.

Imagina un vaso de agua lleno hasta el borde. ¿Lo ves? Pues así vivimos. Repletos de creencias, prejuicios, posesiones, recuerdos, expectativas... Coge la jarra e intenta ahora llenar el vaso con más agua. «Pero ¡si no cabe una gota más!», me respondes. Así es y así sucede en nuestra vida.

No soltamos, no vaciamos y no nos desapegamos de lastres que impiden que podamos dejar espacio para lo nuevo. Por eso, un paso indispensable para permitir la entrada de lo nuevo es soltar, vaciar, olvidar, perdonar...

Permítete liberar todo aquello que ya no te sirve, aquello que te esclaviza, aquello que te resta, y verás cómo tu cuerpo se siente más liviano y tu mente más despejada. El desapego es el primer paso para permitir el cambio, y el cambio es el camino hacia el logro de tus metas.

Voy a compartir contigo un ritual que me encanta y que te va a ayudar a trabajar el desapego desde lo más pequeño hasta donde tú quieras elevarlo.

Durante veintiún días consecutivos deshazte de una cosa cada día. Así de sencillo. Pasa veintiún días eliminando (regala, vende, tira...) objetos o cosas de tu vida.

Ve incrementando el vínculo con aquello que eliminas, pero no te engañes; juega a lo grande empezando por lo pequeño. Enfréntate a tener que eliminar cosas con carga emocional (aquellas en las que tienes recuerdos, historias, emociones...); es lo que más te va a liberar. No se trata de sufrir en el proceso, sino más bien de despedirte de aquello que ya no necesitas en tu vida. Concédete el tiempo que precises sin dejar de soltar algo durante los veintiún días y, si es necesario ve preparándote poco a poco para hacerlo con las cosas que más te lastran. O quizá prefieras hacerlo más brusco y zanjarlo rápidamente. Tú ya sabes cuál es tu método y cuándo te estás engañando; mantén una actitud honesta hacia ti.

Después de esos veintiún días, observa tus sensaciones físicas, psíquicas y emocionales. Recuerda cómo llegamos a la vida y cómo nos iremos. No somos faraones egipcios.

La segunda parte para liberar de peso tu mochila radica en soltar aquella carga emocional que te limita. Es decir, igual que estás veintiún días deshaciéndote de objetos físicos, prueba a deshacerte de recuerdos y resentimientos que no hacen otra cosa más que limitarte. Confecciona una lista y comienza a trabajar cada lastre.

La herramienta que te propongo para ello es el perdón. Perdonar te libera de carga, te relaja, te aleja del pasado y te conecta contigo, aquí y ahora.

Recuerda que no tienes que perdonar a nadie más que a ti. Sí, a ti. Perdónate por aquello que te tocó vivir, perdónate por no haber sabido gestionarlo, perdónate por no haberlo hecho mejor, perdónate por no haber tenido los recursos para salvar aquella situación...

Como irás comprobando a lo largo del libro, todo depende de nosotros, y el mejor trabajo que podemos hacer es con nosotros. Lo externo será una manifestación de nuestra dedicación personal.

Cuentan que existió un grupo de monjes orientales que no podían entablar ningún tipo de contacto con mujeres. Una mañana, el maestro y su discípulo, paseando en silencio en una larga caminata alejada del monasterio, encontraron a una mujer ahogándose en el río. Sin dudarlo un segundo, el maestro saltó al agua, agarró a la mujer y la puso a salvo en la orilla cerciorándose de que estaba bien.

El discípulo observó y guardó silencio no sin cierta sorpresa.

Tras varias horas de caminata, ya de regreso al monasterio, el discípulo no pudo más: «Maestro, ¿cómo es posible que haya infringido la norma más importante de nuestra comunidad y siga caminando como si nada hubiera ocurrido?». El maestro, desde una calma profunda, le respondió: «Hace horas que solté el cuerpo de esa mujer en la orilla. Tú, ¿aún cargas con ella?».

Asómate a tu mochila y evalúa cuánta carga innecesaria llevas contigo. Cuando crees el vacío suficiente en el vaso para poder rellenarlo de nuevo, será cuestión de tiempo que comiences a ver resultados. No hay acción sin recompensa; ha llegado el momento de tomar el timón de tu vida.

2. ME CREO

«Si quieres conocer el pasado, mira tu presente, que es el resultado. Si quieres conocer tu futuro, mira tu presente, que es la causa».

BUDA

En el año 2004 se invitó a un grupo de voluntarios a realizar un ejercicio mental de visualización. La visualización consistía en imaginar durante quince minutos cómo se contraían sus bíceps. Debían hacerlo durante doce semanas, cinco días a la semana. Los doctores, para asegurarse de que los voluntarios no tensaban involuntariamente sus brazos, también monitorearon los impulsos eléctricos que se producían en las neuronas motoras de los músculos de sus brazos.

Al término del experimento, se presentaron en San Diego los resultados en la conferencia de la Sociedad para la Neurociencia. Se demostró que el grupo de voluntarios había aumentado su fuerza hasta un 13,5%, única y exclusivamente imaginando cómo se contraían sus músculos. Y no solo eso, sino que mantuvieron esta ganancia durante tres meses después de finalizado el experimento pese a no seguir haciendo ejercicios mentales ni físicos.

Como este hay muchos más ejemplos que en esencia nos vienen a demostrar la enorme capacidad de nuestro «pensamiento dirigido». Pero llevemos el discurso al terreno cotidiano. ¿Has intentado ser consciente de la cantidad de pensamientos que inundan tu cabeza y te has parado a analizarlos alguna vez?

Si no lo has hecho, te invito a tomar conciencia de los mismos, aunque solo sea por un día. Escúchate y descubrirás que tú eres el único responsable de tu realidad.

Con cada pensamiento, con cada reflexión, con cada crítica, con cada vuelta que da tu mente en torno a algo, estás dando forma a tu realidad. Cada cosa que te sucede en la vida no es más que la suma de las interpretaciones y proyecciones que haces de ello.

El modo en el que calificas y recibes los acontecimientos determina qué realidad estás viviendo. Es cierto que hay determinados hechos que acontecen con mayor o menor dureza, pero está en tu mano, mejor dicho, en tu cabeza, hundirte en el abismo o mantenerte a flote al gestionar toda esta información.

Fíjate que en el experimento de los bíceps uno de los elementos primordiales era la repetición. Nuestro aprendizaje, en cualquier disciplina, necesita de repetición. Si un día pienso que soy un desastre conduciendo, no pasa nada. Si todos los días, mientras voy conduciendo al trabajo, pienso que soy un desastre al volante, terminaré generando una realidad, unos sentimientos y unos acontecimientos acordes al modo en el que me hablo.

Son los pensamientos incontrolados los que generan unos sentimientos que van arraigando una serie de creencias en ti. Recuerda: toda creencia necesita de carga emocional para llegar a formar parte de tus esquemas mentales.

El problema se agrava cuando estos pensamientos se vuelven automáticos, cuando ya no los escuchas y han pasado a formar parte de tus creencias cotidianas. Así, poco a poco, el automatismo del pensamiento no atendido va determinando la vida que vas a vivir.

De modo que, si queremos crear o alterar nuestra realidad, la solución es sencilla.

Elige un día, escúchate y anota todos esos pensamientos y sentimientos que te limitan o hacen daño, incluso aquellos que se volvieron automáticos o aquellos que no tienes muy claro de dónde vienen pero que también están presentes. Para identificar estos últimos necesitarás reducir tu velocidad vital y ellos solitos saldrán a flote.

Elige de tu lista el pensamiento que quieras modificar, mejorar o sustituir, y redacta una breve frase en positivo que lo mejore. En cuanto tengas la frase, memorízala y repítetela durante al menos veintiún días (tres veces al levantarte y tres veces antes de acostarte). Conviértela en una constante, créetela, visualízala, imagínate formando parte de la misma y añádele emoción para generar esa nueva impronta.

Se trata de ir a tu gimnasio mental, igual que los voluntarios del experimento del bíceps, y poner a tu cerebro a sustituir esos pensamientos caducados por unos mejor enfocados. Un día tras otro, una repetición más, consciente y voluntariamente, hasta que se conviertan en tu nueva realidad.

Para mejorar la efectividad del ejercicio intenta no enfocarte en más de una afirmación por cada veintiún días. Es decir, trabaja un aspecto concreto cada vez y ve ganando confianza en el método a medida que lo trabajes.

Concédete la oportunidad de cambiar tu percepción del mundo cambiando tus creencias, modificando la manera en la que ves la realidad, hablándote con cariño y sustituyendo aquellas piezas de tu mecanismo que ya estén oxidadas.

Solo tú puedes cambiar tu mundo, y tu mundo empieza por lo que hay sobre tus hombros. En tu cabeza reside todo el potencial que necesitas para alcanzar lo que te propongas.

3. A FUEGO LENTO

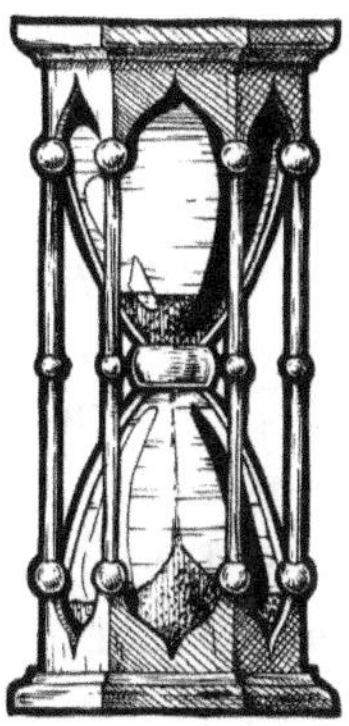

«Con arcilla se moldea un recipiente, pero es precisamente el espacio que no contiene arcilla el que utilizamos como recipiente».

LAO-TSÉ

Pertenezco a una generación en la que las abuelas cocinaban con la olla a medio tapar, con el fuego a medio gas y el sonido del borboteo del agua oyéndose en la casa durante horas. Recuerdo la comida de mi abuela como una de las más sabrosas que he probado.

Con los años me pregunté por las recetas, por los ingredientes o por alguna especia secreta que hiciera su cocina tan memorable. Al final encontré su secreto: el tiempo.

Detente un segundo. Deja el libro por un instante y asómate a una ventana donde pase gente. Seguramente veas lo mismo que yo: prisa, ruido, velocidad y desconexión. El mundo ha pisado a fondo el acelerador y, lejos de levantar el pie, nos ha convertido en organismos capaces de hacer varias cosas al mismo tiempo, diluyendo así nuestra capacidad de atención y concentración.

Si te dijera que muchos de tus problemas se van a resolver con el mismo ingrediente que utilizaba mi abuela en su cocina, seguramente no me creerías. Tiempo. Pero el tiempo del que te hablo es un tiempo de vacío, de silencio, de presente y de atención.

Se trata de parar. Es cierto que hay un acelerador global que nos influye a todos, pero además de este, tú cuentas con tu acelerador personal. Levanta el pie, no temas. Parece que esté mal visto no hacer nada. Hemos creado una sociedad donde no estar ocupados con mil cosas, todos los días, no está bien considerado. ¿Quién se atreve a decir que pasó unas horas mirando al techo?

Pues sí, se trata de eso. Al menos, de empezar por ahí, suavizando la dinámica que llevas. Simplemente crear el hábito de parar aumentará la materia gris de tu cerebro, mejorará tu sistema inmunológico e inducirá sensaciones de bienestar, alejando y mitigando tu exceso de estrés.

Puedes parar de muchas formas distintas: con pequeños descansos de minutos repartidos a lo largo del día, un descanso amplio a mitad de tu jornada, paradas improvisadas cuando más tensión sientas... Cuando hablo de descansos, pueden ser desde minutos hasta aquello que consideres necesario para recomponerte. Con el tiempo te será más sencillo inducir el estado de «desconexión».

Aquí van algunos detalles que te ayudarán: mantén los ojos cerrados, encuentra una posición cómoda y reduce en la medida de lo posible los ruidos y la luz muy intensa.

Al cerrar los ojos, eliminamos mucha información del entorno que el cerebro no para de recoger y analizar en un segundo plano. Quitando esta información visual reducimos los motivos de distracción.

Al mitigar ruidos y luz ayudamos a nuestras glándulas a realizar su trabajo con más facilidad. Simplemente siéntete. Si vienen pensamientos, déjalos que fluyan, no te enganches a ninguno y, si esto sucede, concéntrate en tu respiración como si fuera el vaivén de las olas. Conecta con la respiración, no la controles, igual que no puedes controlar la cadencia de las olas en la orilla.

Desde esta concentración en la inspiración y la espiración, haz un breve repaso a lo largo de tu cuerpo. Recorre tus extremidades, músculos, tejidos y órganos, de arriba hacia abajo en busca de focos con tensión muscular. Una vez localizados, suéltalos y sigue respirando amablemente hasta lograr un estado de cuerpo relajado y mente concentrada en el instante.

No importa que estés en la oficina, en el transporte público, a punto de abrir el táper para comer o en el vestuario del gimnasio. Simplemente detente un minuto. Para, siente tus pulsaciones, respira hondo varias veces y comienza a notar cómo bajan las revoluciones de tu motor. Repartir pequeñas paradas de un solo minuto a lo largo de tu jornada puede obrar milagros en tu química corporal y aportarte perspectiva a tu siguiente actividad.

Recuerda que vives a una velocidad de 300 km/h. Los primeros días experimentarás el efecto de la inercia y será más exigente parar, pero a medida que avances en tu práctica irás experimentando los beneficios físicos y mentales de bajar la velocidad. Tu realidad cambiará, tus capacidades mejorarán y tu salud se beneficiará de cocinar tu vida a fuego lento.

4. EL JARDÍN

Pregúntate cuántas cosas pendientes, de las que te gustan de verdad, de aquellas que casi comenzaron como un sueño, tienes en tu lista mental. Ahora, con total honestidad, mirándote de frente, ¿cuántas de ellas podrías hacer ya?

De repente, cuando comienzas a responderme, un jardín de excusas comienza a florecer alrededor: «es que no tengo...» «es que aún no...» «y si...» «pero es que yo nunca...» «creo que...».

Te entiendo; yo también he tenido mis jardines floridos y estupendos que me llegaban hasta la rodilla de perfectas excusas para posponer vivir. ¡Sí!, vivir. Porque cada pequeño gesto, por imperceptible que parezca, es vivir. ¿Y sabes qué hay detrás de las excusas? Efectivamente, miedo. Un miedo que nos agarrota, nos ata, nos impide avanzar, nos ahoga, nos empequeñece y nos deja a un lado del camino de una vida completa.

Obviamente no vas a saltar en paracaídas este fin de semana aunque esté en tu lista de cosas pendientes. Pensemos en grande y empecemos por lo pequeño. Se trata de que vayas conquistando y ganándole territorio al miedo. Poco a poco.

Fíjate hasta qué extremos podemos llegar que a veces no nos ponemos esa camiseta que nos encanta porque la reservamos para una ocasión especial, no abrimos esa botella de vino porque esperamos un momento ideal, no nos acercamos a esa persona porque esperamos la situación perfecta, no mandamos ese correo electrónico porque creemos que no estamos preparados, no hacemos ese viaje por miedo a gastar los ahorros... y así un sinfín de trocitos de vida abonando nuestro jardín de excusas.

La vida pasa, las cosas se gastan, el tiempo corre y las oportunidades siempre les llegan a los valientes. Valientes de poder enfrentar el resultado de tomar decisiones. La camiseta, como tantas otras, pasará a ser del montón; el vino te lo beberás y volverás a comprar uno mejor que ese; a esa persona que idealizas la mirarás a los ojos y te arrepentirás de no haberte acercado antes a ella; la respuesta a ese correo es que tenías más preparación de lo que tu miedo te susurraba al oído; y los ahorros gastados volverán a crecer igual que lo hicieron otras veces.

Empieza por pequeñas cosas, aquellas que tengas más al alcance, las más sencillas.

Según vayas haciéndolas realidad, irás ganando confianza, irás incrementando tu autoestima y subiendo el nivel para, dentro de poco, darte cuenta de que necesitarás una nueva lista de cosas pendientes por hacer.

La vida pide a gritos que la uses, que tomes partido en ella, que seas parte activa de la misma, que te equivoques y aciertes, que caigas y te vuelvas a levantar, que agarres tus sueños y los hagas realidad, porque nada te detiene más que tú delante de ti impidiéndote ver el camino.

Aparta los miedos pero no los destruyas, o te convertirás en una persona temeraria.

Simplemente llévalos junto a ti, obsérvalos cuando surjan, reconócelos naturalmente y hazlos a un lado para que no te impidan avanzar. En esencia se trata de eso, de que sigas avanzando sin ser tú la principal limitación disfrazada de miedos o excusas.

¡Toma acción! El momento perfecto es siempre ahora: ayer ya se fue y el mañana no existe. Desconocemos qué nos depara la vida dentro de unos días, meses, o años; así que no pierdas la oportunidad de vivir, desde los detalles y placeres más pequeños hasta las grandes cimas que desees conquistar.

El mundo ahí afuera está esperándote con los brazos abiertos.

5. EL CRUCE

«Estos son mis principios. Si no le gustan tengo otros».
GROUCHO MARX

magina que conduces por una calle poco transitada. Observas que a lo lejos se aproxima un cruce. Miras la señalización y ves que tienes prioridad. A medida que te vas aproximando al cruce, adviertes la presencia de otro vehículo que viene por esa calle, la del cruce.

Por la velocidad que lleva parece que le va a costar detenerse para cederte el paso, tal como está indicado. Tú mantienes tu plan de pasar el cruce y sigues analizando la situación en tu mente: «el otro conductor parece no haberse dado cuenta de que tiene que cederme el paso».

Aceleras para hacerte notar, para que se dé cuenta de que estás ahí, de que tienes prioridad, de que debes pasar primero. Pero el otro conductor no reduce su velocidad. El cruce se aproxima. Es inevitable la colisión...

¿Cuántas veces entablamos conversaciones donde terminamos «colisionando» por querer llevar o argumentar nuestra razón? El poeta Ferreira Gullar dijo: «prefiero ser feliz que tener razón». Prefiero frenar a tiempo y dejar que pase el otro antes que colisionar con él.

Con el ejemplo del coche parece más obvio, lo vemos más claro porque está en juego nuestra integridad física. Pero la realidad es que nuestra integridad física también está en juego cuando intentamos llevar razón. Obviamente van a hacer falta muchas más colisiones en sentido figurado, pero al final estas también terminan pasando factura.

Nos aferramos a argumentos, experiencias, sucesos, creencias y situaciones que nos permiten sentir que «lo nuestro» está por encima de los argumentos de nuestro interlocutor. ¿Por qué? Sencillamente estamos cubriendo el espacio de inseguridades que se crearía si termináramos por aceptar las razones de la otra persona. Estaríamos replanteándonos nuestro sistema de creencias, nuestra forma de entender la vida, nuestro modo de hacer las cosas y aquellas recetas que nos han acompañado «toda la vida». Pensamos que renunciar a nuestros argumentos nos hará más débiles, más frágiles, menos consistentes...

Nada más lejos de la realidad.

Elige estar feliz como el poeta, porque al no agarrarte a la razón te liberas de las limitaciones de lo que crees saber, te permites ampliar tu radio de conocimientos, te cuestionas «tu verdad», te das la oportunidad de reescribir tu sistema de creencias, te haces más flexible, ofreces una imagen amable, cercana, de diálogo... en definitiva, evitas colisiones.

Llevar la razón es una ardua tarea, requiere de un esfuerzo sobrehumano, tensión y lucha constante. Además, siendo sinceros, lo único en lo que podemos llevar razón es en ciertas explicaciones matemáticas, y según pasan los años se va demostrando que hay más de un camino válido para llegar al mismo destino. De modo que ni la matemática acepta verdades absolutas.

Respeta «la verdad» de los demás. Cada uno vive en un momento diferente, en un estado de desarrollo diferente, con unas capacidades y habilidades diferentes, con una trayectoria de vida diferente, con unas vivencias diferentes, con un bagaje emocional diferente al tuyo y unas creencias y valores muy probablemente distintos a los tuyos.

Créeme que se puede estar feliz con creencias opuestas, que no existe un único modo de hacer las cosas y que no tenemos la necesidad de crear clones de nuestro modo de pensar, sino más bien de aprender a ver a través de los ojos del otro nuevas realidades que amplíen nuestro mapa mental.

Ese cruce, como otros tantos que encontrarás en tu vida, puedes sortearlo saludablemente aunque dejes pasar primero al que debía cederte el paso. El grandísimo regalo de pasar ilesos «el cruce» no solo se lo harás al otro, sino que te lo estarás haciendo principalmente a ti.

6. LÁPIZ Y PAPEL

«Apunta a la luna.
Incluso si fallas, aterrizarás en las estrellas».
Les Brown

La escuela de negocios de Yale analizó a un grupo de recién graduados, cada uno de ellos con objetivos y deseos diferentes a largo plazo. De este grupo tan solo el 3% había puesto por escrito sus objetivos. Al cabo de veinte años se reunió de nuevo al grupo y algo llamó poderosamente la atención: el 3% que había escrito sus metas en papel, no solo había logrado sus propósitos, sino que tenía ingresos diez veces mayores que el 97% restante que simplemente dejó los deseos en su mente.

A la vista de los resultados, la Universidad de Harvard decidió realizar el mismo estudio entre los años 1979 y 1989.

¡Adivina! Efectivamente, los resultados fueron los mismos. No contenta con esas pruebas, Gail Matthews, profesora de Psicología de la Universidad Dominicana de California, tomó 267 voluntarios con grandes diferencias en cuanto a profesión, habilidades y edades en seis países distintos (incluidos Japón, India y Estados Unidos) y los dividió en cinco grupos en función del tratamiento que harían de sus objetivos. Las conclusiones después de un mes de haber iniciado el estudio se resumieron en que:

- Tener metas escritas aumenta la probabilidad de alcanzarlas.
- Los que enviaron actualizaciones de su progreso a alguien de su confianza lograron resultados significativamente más altos frente a los que no lo hicieron.
- Aquellos que hicieron públicos sus objetivos fueron más consistentes y obtuvieron mejores resultados que aquellos que los mantuvieron en privado.

¡Ahora no hay excusa!

¿Cuánto tiempo llevas soñando con... pensando en... deseando... intentando...? Llegó el momento de tomar acción.

Si no hubiera vivido en mi propia piel la eficacia de este método, ten por descontado que ni se me hubiera pasado por la cabeza el pararme a escribir sobre ello. Muchas veces pensamos que las cosas han de ser complicadas, que responden a métodos muy elaborados y que solo unos pocos disponen del conocimiento necesario para lograrlo. Si has leído hasta aquí ya no tienes excusas para estirar tu mano y agarrar esos sueños de una vez por todas.

Escribe tus metas, fíjate un horizonte temporal asequible, chequea semanalmente tu lista y elige a alguien de confianza con quien compartir tu evolución y a quien ir reportando los avances.

¡Tienes que vibrar con ello!

Estamos hablando de verdaderos deseos, esos que hacen que te levantes de la cama antes de que suene el despertador, esos que te motivan de verdad, esos que dibujan una sonrisa en tu rostro cuando los imaginas, esos que diluyen cualquier lunes como el azúcar en un té caliente. Recuerda: si no lo escribes no existe. Este es solo el primer paso.

Una vez hayas confeccionado tu lista por escrito, aplícale un pequeño test con estos cinco filtros imprescindibles para aumentar tus opciones de éxito, y si no los cumple, rediseña o cambia el enfoque de tu objetivo. Vamos con los filtros:

1. **¿Es tu objetivo medible?** Es decir, ¿puedes cuantificarlo de algún modo? Quiero llegar a correr 40 kilómetros, quiero perder 15 kilos, quiero ganar 100.000,00€. No podremos saber si hemos alcanzado nuestro objetivo si decimos cosas como «quiero ser feliz». ¿Cuándo sabrás exactamente que lo has logrado? Aterriza y desgrana al máximo tus deseos hasta llegar a la esencia de los mismos; seguramente te sorprendas de lo que estás deseando realmente.

2. **Elige deseos específicos.** No vale decirse: «voy a correr un rato todos los días», «voy a reducir el consumo de calorías», o «quiero ganar más dinero». Hay que definir detalladamente cada peldaño de la escalera hacia tu sueño. Cuantos más detalles, tanto más fácil resultará el proceso, el seguimiento de los resultados y tu motivación para alcanzarlo. «Voy a correr cinco kilómetros cada día», «voy a consumir un máximo de 1.500 calorías», «quiero ganar 2.000 euros más cada mes».

3. **Fija un horizonte temporal.** Ponte un límite en el tiempo, tan lejano que te permita alcanzarlo sin estrés, y tan cercano que mantenga viva tu motivación. Es decir, que tenga ese guiño retador pero asequible para ti. «Voy a correr 40 kilómetros antes de que acabe el año», «voy a perder 15 kilos en seis meses», «voy a ganar 100.000,00€ a lo largo de este año».

4. **Proponte objetivos asequibles.** Difícil será, aunque no imposible, correr un Ultraman con un mes de preparación, perder quince kilos en dos semanas, o ganar 100.000,00€ en veinticuatro horas. Mantén una actitud de honestidad en tus planteamientos y define deseos alcanzables sin que dejen de suponer una apuesta personal para ti.

5. **Por último, que tu meta sea satisfactoria.** Parece una obviedad pero a veces en nuestra alocada carrera nos quedamos con la visión puesta en el objetivo y nos olvidamos de disfrutar del camino. Encuentra satisfacción en el proceso tanto como en el logro del objetivo.

Este es el primer requisito para poder trazar una estrategia que logre tus objetivos: definirlos con claridad. Esta propuesta es el cimiento de cualquier sueño, el imprescindible soporte que sostendrá con firmeza los siguientes pasos hacia el mismo.

Recuerda los resultados de los experimentos: el lápiz y el papel aumentan considerablemente tus probabilidades de éxito.

Con el tiempo te sorprenderás de los resultados y la fuerza que realmente encierra esta herramienta; dejarás de verlo como un juego para verlo como un nuevo poder en ti.

7. DESDE TU CENTRO

*«Cuando plantas una semilla de amor,
eres tú quien florece».*
Ma Jaya Sati Bhagavati

¿Me cambio de casa o me quedo más tiempo en esta? ¿Le digo que sí o espero? ¿Me apunto al curso o sigo buscando? ¿Cambio de trabajo o me quedo más tiempo aquí? ¿Se lo digo o lo dejo pasar? ¿Compro o alquilo? ¿Lo dejamos o nos damos otra oportunidad?...

Dediqué diez años de mi vida a la práctica continuada del Aikido. Este es un arte marcial de origen japonés donde se aprenden cientos de técnicas que coordinan mente, cuerpo y respiración. Entre las muchas cosas interesantes que descubres, está tu centro y comienzas a tomar conciencia del mundo desde el mismo.

Obviamente hay un centro físico en el cuerpo que viene determinado por nuestro peso y altura. Este centro es de obligado conocimiento para el buen desempeño técnico del Aikido, pero con los años va surgiendo ese otro «centro» del que quiero hablarte.

Hay algo en tu vida que es –y siempre será– casi una constante: la toma de decisiones.

Exagerando mucho, podría decir que hemos nacido para tomar decisiones y experimentar el resultado de las mismas. De modo que también es inevitable el preguntarnos cómo «acertar».

Después de muchos años y muchas decisiones de carácter personal y empresarial, tengo la convicción de que solo hay una cosa que puede ayudarte en tu proceso de decisión. Por muchos consejos que recibas, por muchas personas a las que consultes, por mucho que leas acerca de lo que te inquieta y acerca de lo que deberías elegir, nada, absolutamente nada, te va a dar la certeza de que elegiste «correctamente».

Lo único que puede ayudarte a conectar con esa sensación de «acierto» será tomar las decisiones desde tu centro. Obviamente no hablo del centro físico, sino del centro de tu ser. Me refiero a estar centrado. He recibido grandes lecciones en mi vida por decidir desde una posición de euforia, de extrema alegría, de exceso de motivación, dejándome arrastrar por una energía desbordante... Y, del mismo modo, cuando he decidido desde la tristeza, la apatía, la melancolía, o un estado carente de cualquier motivación, la lección tampoco se ha hecho esperar.

En el siglo IV a. C., el mismo Aristóteles definió la mayor parte de las virtudes del ser humano como el término medio entre dos extremos: el centro.

Se trata de autoevaluarte, de llevar a cabo un escáner general de tu estado de ánimo, de ver tu termómetro emocional y evitar la toma de decisiones desde los extremos del mismo.

Es decir, evita la toma de decisiones desde estados extremos o alterados en cualquiera de los dos sentidos. La experiencia dicta que cualquier decisión tomada en uno de estos límites emocionales no va a traer consecuencias favorables.

El problema real de tomar decisiones fuera de tu centro no radica en cómo se desenvolverán los hechos tras tu decisión, esto es casi incontrolable, sino en la interpretación que harás de tu decisión cuando vuelvas a estar en tu centro.

Decidir desde cualquiera de los extremos es como hacerlo una noche de borrachera. Ni la borrachera es un estado perpetuo, ni por la mañana, al despertar, vas a sentirte a favor de las decisiones que tomaste en estado de embriaguez.

En Aikido, como en otras artes marciales, hablamos del «*ma-ai*», que viene a traducirse como la distancia que separa a dos contendientes. Valoramos esta distancia como baja, media o alta en función de nuestra estrategia; sopesamos nuestras capacidades físicas frente a las del oponente; contemplamos si hay armas de por medio o si nos encontramos a «manos vacías»; evaluamos la zona donde podemos realizar movimientos seguros; valoramos, a esa distancia, el momento ideal para lanzar una ofensiva o nos preparamos para recibirla con la mejor disposición física y mental. En resumen, conocer el «*ma-ai*» que hay entre nosotros y la decisión a tomar es crucial para asegurarnos una salida amable, fluida y bien gestionada de la situación.

Concédete el «*ma-ai*» en forma de tiempo o espacio, para pasar la tormenta o la extrema alegría, deja que las aguas vuelvan a su cauce, sé paciente hasta recuperar tu centro, y desde ahí afronta la toma de decisiones.

Si una vez pasado el temporal sientes dificultad para elegir un camino, tienes muchas herramientas a tu disposición para volver a centrarte y encontrar ese punto de equilibrio: meditación, relajación, respiración consciente, contacto con la naturaleza, contemplación, silencio... y todo aquello que te ayude a reducir tu velocidad vital. Da igual la que elijas mientras te ayude a tomar conciencia de tu termómetro emocional, minimice tus estados alterados y te aporte la claridad suficiente para estimar dónde te encuentras de cara a adoptar esa importante decisión.

No hay varitas mágicas. Se trata, mediante el ejercicio de tu voluntad, de detener la inercia que empuja el ritmo de tu vida. Desde esa posición de eterno presente, aquí y ahora, tu proceso de «centramiento» se vuelve natural: ni el pasado te lastra ni el futuro te absorbe, solo existes tú y solo este momento. Permítete amablemente el tiempo que precises para detener la maquinaria y siente cómo tu centro vuelve al lugar desde el que vivir con plenitud la toma de decisiones.

8. EN BLANCO Y NEGRO

*«Se necesitan dos años para aprender a hablar
y sesenta para aprender a callar».*
Ernest Hemingway

Desde pequeños nos han enseñado a etiquetar las cosas, las personas, los acontecimientos, los sentimientos, los gustos, las actividades, la comida... Hemos acostumbrado nuestro pensamiento a moverse entre dos colores: blanco o negro. No permitimos a nuestro cerebro ir más allá de dos opciones. Es habitual encontrarnos con etiquetas del tipo: «Fulanito es buena persona», «el examen me salió mal», «hoy he tenido un mal día», «esa marca es buena», «no se ha portado bien»... y así infinidad de expresiones dicotómicas que nos hacen ver el mundo limitado a dos opciones.

Ni Fulanito es buena persona, categóricamente hablando, ni hoy has tenido un mal día (dudo que lo tengas si te propones tener un buen día). Si te elevas varios miles de kilómetros por encima de la escena, persona o actividad que quieras etiquetar, podrás tener una visión más completa y enriquecerla con matices suficientes como para evitar la etiqueta o esa visión limitada.

Cuando te obsesionas con una situación o persona, se produce un efecto parecido a la visión tipo túnel. Esta visión se da en situaciones de estrés, nervios o peligro, y consiste en la dilatación de las pupilas debido al incremento de adrenalina en el torrente sanguíneo. En ese momento entra mayor cantidad de luz en los ojos sin que estos tengan la rapidez suficiente para adaptarse. Digamos que, al poner tu atención en un detalle concreto, provocas en tu mente un efecto parecido a esta visión tipo túnel, impidiéndote ver la escena completa y perdiendo así decenas de matices.

El paso del tiempo fuerza de forma natural la toma de distancia y todo, de pronto, toma otro color: las etiquetas se caen, dejan de tener sentido, y nuestra percepción se amplifica dotando a nuestro juicio de mayor perspectiva. La dificultad estriba en lograr esta perspectiva en nuestro día a día. Cuando los medios de comunicación se obsesionan en vendernos una y otra vez que determinados países son «los buenos» y que otros países son «los malos», terminamos por creer que así es.

No hay ni buenos ni malos, ni políticamente ni en tus relaciones cotidianas. Hagas lo que hagas, a pequeña o mayor escala, siempre perjudicarás a alguien, siempre beneficiarás a alguien y siempre habrá a quien le dé igual, y no por ello albergarás en ti más o menos bondad, más o menos razón, ni serás mejor o peor. Porque todo es relativo y está en función de la perspectiva de la persona que interpreta u otorga una evaluación a lo observado.

Para evitar ver la vida en dos colores, o para mejorar tu perspectiva de las situaciones que te generen conflicto, hay dos elementos de la física que te ayudarán: el espacio y el tiempo.

Comienza por alejarte del foco donde se halle tu problema o tus etiquetas. Puedes hacerlo en sentido literal (físicamente) o proceder mentalmente a aparcar la situación durante un tiempo. Para ello tendrás que encontrar otras actividades, inquietudes o personas donde fijar tu atención y, a ser posible, que se encuentren en tu presente inmediato. Porque en el presente normalmente no encontrarás conflicto, ansiedad ni temores. Estos son fruto de llevar nuestra atención al pasado o al futuro (ambos inexistentes).

El ritmo cotidiano está marcado por la inmediatez a la que nos ha acostumbrado la tecnología: nos hemos habituado a tener aquello que queremos en un tiempo y espacio muy breves. Esta situación no nos ayuda a gestionar con calidad cómo nos relacionamos con el entorno, pues este sigue unos ritmos diferentes a los que estamos habituados: los ritmos de la naturaleza.

Por otra parte, utiliza el tiempo a tu favor. A medida que concedas tiempo a las personas, a las situaciones, y a ti en particular, los matices de color irán aflorando, permitiéndote ampliar tu campo de visión, aquel donde la comprensión y tu capacidad de evaluación se enriquecerán. Ahí podrás decidir desde un entorno más sensato, enriquecido y alejado de la escasez de opciones que ofrece la inmediatez.

Piensa que ninguna persona es una frase puntual, una situación concreta o un acto determinado, sino la suma, a lo largo de su vida, de incontables decisiones. Ninguna persona debería ser tan atrevida como para valorar, juzgar o etiquetar a alguien por uno de ellos; eso sería una falacia momentánea.

Concédete la oportunidad de separar a las personas de sus conductas: las primeras son eternas y las segundas puntuales. Toma el tiempo que precises y encontrarás la luz al final del túnel, una luz repleta de matices que enriquecerá tu visión con un arcoíris de opciones.

9. EL ESPEJO

*«Ni siquiera un espejo te mostrará a ti mismo
si no quieres ver».*
ROBERT ZELAZNY

Reconozco de antemano que este va a ser uno de los capítulos que más cuesta asimilar, que más esfuerzo requiere poner en práctica y que más quebraderos de cabeza te va a dar. También reconozco que es uno de los capítulos que más pistas proporciona y que más puede ayudar en la tarea de conocerte mejor. Tuya es la decisión de seguir leyendo o dejarlo para más adelante.

Empecemos por el final, utilizando palabras de Confucio: «Cuando veas una persona buena, trata de imitarla. Cuando veas a una mala examínate a ti mismo». Y de Kant: «No vemos a los demás como son, sino como somos nosotros».

Maticemos. Como verás en otros capítulos, nadie es rotundamente bueno o malo, pero es cierto que al relacionarnos con el mundo exterior se despiertan en nosotros determinados sentimientos respecto a las conductas de las personas que nos rodean, ¡incluso sin conocerlas de nada!

El primer paso que te animo a dar es que seas consciente de los sentimientos que surgen con fuerza en ti ante determinadas situaciones. Más fácil: observa o recuerda aquellos sentimientos que se repiten habitualmente.

¡Ahora viene el salto con doble tirabuzón! Cuando reaccionas, aunque sea internamente, ante esas situaciones, esas personas o esas conductas, debes saber que te estás reconociendo en algo de ello. ¡Así es! Estás viendo reflejada una parte de ti.

¿Has oído hablar de las neuronas espejo? Es uno de los grandísimos descubrimientos de la neurociencia en la última década. Estas neuronas son importantes para comprender las acciones de otras personas y para aprender nuevas habilidades por imitación. Estas neuronas están activas cuando llevas a cabo alguna tarea, y también cuando observas esa misma tarea realizada por otra persona. A partir de aquí, tirando del hilo, podemos señalar que en todo lo que nos rodea podemos hallar un «reflejo» de nosotros mismos. Todo lo que acontece tiene que ver con nosotros, tanto si nos gusta como si no.

Cuando vas conduciendo y estallas en cólera ante determinada situación, estás viviendo algo de ti proyectado por el otro conductor. Cuando te emocionas con la escena de esa película, una y otra vez estás viendo algo de ti reflejado en los protagonistas. Todo lo que te rodea es un espejo de cómo interpretas tu realidad. Realmente, podríamos afirmar que no existen las relaciones como tal, sino personas que se relacionan; por lo tanto, nuestro trabajo radica en aprender a interpretar cómo nos relacionamos.

Cada vez que rechazas una conducta de alguien, incluso a la persona por completo, pregúntate qué están ocultando en el fondo tus sentimientos, escúchate en ese juicio, en ese pensamiento o en esa comparación que realizas.

Se trata de ir un paso por detrás de tus pensamientos para poder observarlos sin identificarte con su contenido y reconocer cómo te estás relacionando. Aceptándolos y siendo consciente de ellos tendrás la mitad del camino recorrido.

Por el contrario, cuando admires a una persona o conducta determinada, repite el mismo ejercicio: para, observa, reconoce y acepta que, del mismo modo, hay algo de ti en ello. Las neuronas espejo también nos reflejan en muchos de los aspectos maravillosos que nos rodean, no solo en aquellos que rechazamos o nos incomodan.

Seguramente, igual que en el caso opuesto, aún no te has dado cuenta de que estás reconociéndote en lo que admiras. Simplemente estás conectando con el potencial para desarrollar esa cualidad que probablemente ya habita en ti. Es el momento de integrarla, hacerla consciente, o fomentarla con más intención.

Imagina que una tarde, en una cafetería junto a un parque, ves a unos padres transmitir unos valores de tolerancia a sus hijos mediante una amable disertación después de presenciar un pequeño conflicto. Imagina que eso te conmueve en cierta manera. En el momento en que sientes que esa resonancia detona a través de la emoción, estás reconociendo las semillas de la tolerancia, la educación y la transmisión de valores en ti. Ahora solo tienes que comenzar a regarlas para hacerlas crecer y cosechar los mismos frutos que has presenciado en aquella escena.

Si te resulta más fácil, cada vez que aparezca en ti ese rechazo o esa admiración puedes recurrir a la siguiente pregunta: «¿Qué información tiene esto para mí?». El grandísimo poder de esta pregunta es que te asienta en el presente, te hace tomar conciencia, te vuelve responsable de lo que estás sintiendo, sin endosárselo a terceros, y te ayuda a desarrollar una actitud más proactiva, en vez de quedarte en la mera y habitual reacción.

Cada día estamos rodeados de espejos; nuestras neuronas nos lo recuerdan constantemente. Toda relación o punto de contacto social, por breve que sea, es una oportunidad maravillosa de poder avanzar en el conocimiento y mejora de nosotros mismos.

Como te decía, puede ser un capítulo que cuesta asimilar, pero una vez te hayas hecho ¿te imaginas hasta dónde puedes llegar?

10. GRACIAS

«Ningún copo de nieve cae en el lugar equivocado».

Proverbio zen

Reconozco que la industria publicitaria no nos lo pone fácil: un coche nuevo, unas gafas de sol más modernas, un viaje a una isla paradisíaca, una casa más grande, estar más esbeltos, tener unos dientes más blancos... Si nos dejamos llevar por la corriente, lo más seguro es que nos sintamos desdichados con lo que somos, tenemos o, mejor dicho, por tooooooodo aquello de lo que creemos que carecemos.

Además de las influencias externas, tenemos una tendencia natural aprendida a poner el foco de nuestra atención en las carencias, ya sean estas materiales o personales. Esto nos lleva a sentir un falso y constante vacío. Es una carrera que nunca termina porque nunca tienes todo lo que quieres o nunca alcanzas a ser lo que marcan las modas de turno.

Al final se produce frustración por no ser o no tener, y ansiedad por no llegar a tener a tiempo. De este modo, para encajar en los absurdos moldes sociales muchos optan por forzar una fachada de apariencias pese al vertiginoso vacío interior que ello supone.

Es cierto que nuestro «cerebro límbico» está programado para buscar el peligro y asegurar la supervivencia. Este se fija en aspectos de dudoso riesgo y localiza amenazas, en vez de enfocarse en todo lo bueno que nos rodea. No te preocupes, todo esto nos viene de serie; es una herencia de nuestro «cerebro antiguo» adaptado a nuestra época actual.

La magnífica noticia es que tú puedes cambiar esta perspectiva, puedes modelar tu cerebro, reeducarlo y enseñarle a «mirar» de otro modo.

La herramienta que quiero compartir contigo es tremendamente sencilla porque nace de la observación y análisis de tu día a día.

Te propongo que cada noche, antes de acostarte o ya en la cama, con las últimas energías del día hagas un pequeño repaso y agradezcas todo aquello que has vivido, lo que has aprendido, las personas con las que has compartido algo, las situaciones que has pasado... Haz el esfuerzo de ver el lado amable en todo lo que ha acontecido a lo largo del día. Fíjate que no digo que busques lo positivo que te ha sucedido, sino el lado amable; créeme que lo hay, siempre lo hay. Se trata de estar agradecidos por cada situación, independientemente de cuál haya sido esta, porque todo, absolutamente todo, alberga un aspecto digno de agradecimiento.

Y, por supuesto, nunca te olvides de ti; seguro que hay al menos cinco cosas que también puedes agradecerte cada día.

El recorrido es sencillo: repasa tu día desde que te levantaste, sobrevuela como un pájaro por encima de aquello que viviste; no hace falta una mirada minuciosa a los detalles, simplemente déjate llevar por aquellos momentos que destaquen. No los analices, sencillamente siente cómo fueron y agradécelos: a ti, a la persona con la que los compartiste o al albedrío de la vida por haberlos puesto en tu camino.

Según vayas conectando con los diferentes agradecimientos, por sencillo que parezca te animo a darle una justificación a cada uno, un porqué, de modo que te argumentes por qué estás agradeciendo lo que estás agradeciendo. Hazlo todo lo emocional o racional que desees.

Cuando lleves un tiempo practicando este ejercicio, añádele un poco más de «dificultad». Ten el valor y concédete la oportunidad de agradecer también las situaciones más desfavorables, encontrando los argumentos para hacerlo, aunque te cueste. La «dificultad» estriba en añadir aquellas situaciones por las que *a priori* no mostrarías agradecimiento, porque nunca te lo has planteado o porque no te han educado para ello. Esta «dificultad» no es otra cosa que un circuito neuronal que aún no existe y que, gracias a la repetición sostenida en el tiempo, tú puedes crear. Vas a salir de «lo conocido» a explorar qué ocurre cuando agradeces un acontecimiento que normalmente no agradecerías: «agradezco la bronca que me ha echado mi jefe porque...», «agradezco que mi pareja me fuera infiel porque...», «agradezco que el coche se averiase porque...», «agradezco la lesión que me hice entrenando porque...».

Si quieres, para este caso puedes entrenarte con las situaciones «difíciles» del pasado. Seguramente con ellas te resultará más sencillo porque ya no te encuentras en medio de la tormenta y tendrás la capacidad de analizar y agradecer sin tanta carga emocional. Este puede ser un buen modo de ir preparándote para cuando se avecine temporal.

Recuerda que nos convertimos en lo que repetidamente hacemos.

Agradece y agradécete. Da las gracias, porque incluso ante esa situación compleja, *a priori* negativa, has aprendido algo, has crecido, has dado un pequeño salto en tu evolución personal, has descubierto facetas nuevas de ti, has mejorado tu vida a partir de entonces... Ya sabes que muchos niños en su proceso de crecimiento pasan por dolores en sus articulaciones. Sí, les duele, ¡pero están creciendo! En tu caso y en ciertas ocasiones, crecer también implicará cierto dolor.

No quiero extenderme en mostrarte «el truco» de esta propuesta, pero al dirigir tu pensamiento hacia el agradecimiento activas de manera directa las zonas de tu cerebro relacionadas con la recompensa, la satisfacción y las emociones positivas (corteza prefrontal ventral, la dorsomedial, y el córtex del cíngulo anterior), liberando de este modo la bioquímica cerebral de bienestar, salud y gozo. ¿Te imaginas cómo va a entrar tu cerebro en las próximas horas de sueño? ¿Te haces a la idea del material que le estás dejando al subconsciente para afrontar la noche y el descanso? Aprovecho para recordarte que mientras duermes tu cerebro sigue funcionando dándole sentido a todo lo que has experimentado durante el día, estableciendo nuevas conexiones neuronales.

Si cada noche tomas esta sencilla rutina, lograrás entrar en el sueño con una agradable sensación, dormirás mejor, con más calma, con mayor anclaje en tu presente, valorando donde estás y lo que tienes, siendo consciente de tu realidad alejada del futuro incierto o del inevitable pasado. Y lo mejor de todo es que le estarás mostrando a tu cerebro nuevas autopistas, nuevos modos de interpretar la realidad y variar la perspectiva de supervivencia con la que funcionamos por defecto.

A medida que avances con este ejercicio, tu modo de evaluar el entorno pasará de piloto automático de amenaza a uno de búsqueda de valor, ayudándote por defecto a ver posibilidades y a valorar lo que antes no te habías parado a considerar.

11. MUÉVETE

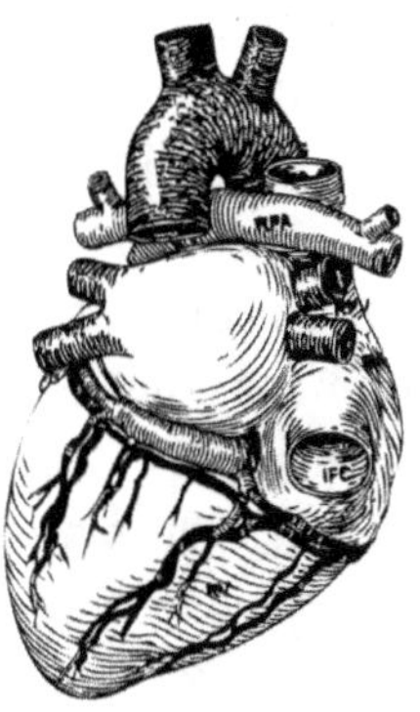

*«Empieza donde estás,
usa lo que tienes, haz lo que puedas».*
ARTHUR ASHE

¡Eres músculo! Bueno, sí, entre otras cosas, pero gran parte de tu anatomía está compuesta de músculo. Tú y yo estamos diseñados para movernos. Que la realidad laboral nos lleve a permanecer parados durante horas delante de una pantalla no significa que esto sea lo más saludable. Y cuando digo saludable me refiero a tu cuerpo, a tu mente y a tu entorno.

Por defecto albergamos alrededor de cuatro litros de sangre en el cuerpo en un estado sedentario. Cuando iniciamos una actividad aeróbica y nuestro corazón se pone en marcha somos capaces de reclutar casi dos litros más. ¿Ventajas? Mejora de la movilidad articular, mejora de la coordinación, prevención de la obesidad, resistencia a la fatiga, mejora de la circulación y oxigenación de la sangre, disminución de la presión arterial, aumento de la capacidad pulmonar y oxigenación, fortalecimiento muscular, prevención de problemas óseos...

Y estas son «solo» algunas mejoras a nivel orgánico, porque, desde un punto de vista psicológico, la práctica de ejercicio regular te hará liberar endorfinas (opiáceos naturales del organismo hasta veinte veces más potentes que muchos medicamentos contra el dolor), dopamina (neurotransmisor que ayuda en los flujos de información, en la mejora de la memoria, la atención y la resolución de problemas) y serotonina (hormona que influye en el humor, la regulación del sueño, el placer y el crecimiento).

Con estos químicos recorriendo tu cuerpo, cambia tu actitud ante la vida, sientes más seguridad en ti, alejas la depresión y determinados miedos y angustias. También posees más control psicológico sobre tu vida, aprendes a caer y a volver a levantarte con optimismo, te permite socializar mejor y trabajar en equipo con otro ánimo, te enfoca en el logro de objetivos y la consecución de metas...

El día tiene veinticuatro horas; no vale la excusa del «no tengo tiempo». Tienes el mismo tiempo cada día; el secreto radica en aprender a gestionarlo, a repartir las tareas priorizando y a no olvidarte de ti. Te invito a que cada mañana, antes de meterte en el huracán, dediques unos minutos a organizarte como lo hacía el presidente número treinta y cuatro de los Estados Unidos: Eisenhower.

Imagina un cuadrante con cuatro áreas donde enfrentaremos lo importante y lo urgente en términos de más a menos urgente y más a menos importante. De este modo tendremos cuatro escenarios: cosas menos importantes pero urgentes, cosas poco importantes y poco urgentes, cosas importantes y urgentes, y por último, cosas importantes y poco urgentes.

Clasifica tus compromisos de este modo según el área a la que correspondan. Dentro de cada área puedes asignar números para priorizar cada uno de ellos. Es decir, establece un orden de prioridad entre las cosas urgentes para poder gestionarlas, y del mismo modo con las importantes.

Como puedes imaginar, el cuadrante que contiene las tareas «importantes y urgentes» requiere tu atención inmediata; ¡hazlas ya!, no las pospongas ni las dejes correr.

Seguidamente atiende aquello que no es importante pero tiene carácter de urgencia. Deberás resolverlo o, si consideras que necesitas ayuda, delegarlo.

Gráfico 1. La matriz de Eisenhower.

Y, por último, tenemos las dos áreas que no tienen urgencia. Aunque sean importantes no requieren que las resuelvas en este preciso momento; puedes decidir si las agendas para otra ocasión. Y ya no digamos las cosas que consideras sin importancia y además sin urgencia, ¿podrías eliminarlas de la lista? Pregúntate para qué están ahí; quizá estén escondiendo alguna información bajo su inocente apariencia.

Retomando el título de este capítulo, ¡muévete!

Sé que depende, entre otras cosas, de tu escala de valores, tus hábitos y creencias, pero ya has visto la importancia de hacer ejercicio para tu salud cerebral, mental y física. Ahora que además tienes una herramienta para gestionar tu tiempo con eficacia, depende de ti la urgencia e importancia con la que desees incorporarlo a tu día a día: ¿importante y urgente o importante y no urgente? En cualquier caso, ¡muévete!

12. AGUA

«*Las palabras pueden ser como los rayos X;
si se emplean adecuadamente pasan a través de todo*».
ALDOUS HUXLEY

Masaru Emoto fue doctor en medicina alternativa. Desde 1994 realizó experimentos para demostrar cómo el agua puede alterar su forma al verse influida por pensamientos, música, palabras, emociones y oraciones. Básicamente, los experimentos consistían en verter agua en pequeños recipientes de cristal y exponerla a diferentes estímulos.

Uno de los ejercicios consistió en separar un grupo de recipientes y someterlos a música de Vivaldi, Beethoven, y Mozart, mientras otro grupo se exponía a música *heavy metal* o rock duro.

En otro de los experimentos se escribían en unos adhesivos palabras como: «te amo», «gracias», «paz»... mientras en otros adhesivos figuraban palabras y frases como: «te odio», «guerra», «no te soporto», «te mataré»... y ambos se pegaban sobre cada grupo separado de recipientes.

En otra de las pruebas se tomó a dos grupos de personas. Uno de ellos dirigió sus pensamientos amables, agradables y positivos hacia los recipientes de agua, mientras el segundo grupo hizo lo propio pero en términos desagradables o negativos.

Tras someter a todos estos envases de agua a las diferentes pruebas, se congelaban y se ampliaba la cristalización del agua en el microscopio[1].

El agua cristaliza en bellas y mágicas formas hexagonales, casi caleidoscópicas, al verse influida por los diferentes estímulos positivos (palabras, mensajes escritos, oraciones, música...) Como imaginarás, ocurre lo mismo pero en sentido contrario cuando los estímulos son negativos. Es decir, el agua se fragmenta, se generan formas amorfas, desorganizadas, estridentes, asimétricas y estéticamente desagradables.

Dejo en tu mano la investigación acerca de estas cristalizaciones más allá de lo expuesto.

La gran cuestión surge al recordar que nuestro cerebro está compuesto por un ¡90% de agua! Y no solo eso, es que nuestro cuerpo es un ¡75% de agua! De ahí la importancia y la necesidad de mantenernos bien hidratados. Pero no es solo este el mensaje que quiero trasladarte.

Párate por un momento y piensa de qué te rodeas cada día. Qué palabras forman parte de tu vocabulario habitual, cuáles suelen entrar por tus oídos, qué pensamientos recurrentes albergas, cómo te diriges a las personas que te rodean, qué música suele acompañarte y qué emociones son frecuentes en ti.

Creo que puedes establecer el paralelismo entre el agua del experimento y el agua que habita en ti.

---

1   Los resultados fotográficos de exponer este agua a música agradable, a palabras amables, a pensamientos positivos y a otros estímulos puedes verlos aquí: http://institutomasaruemoto.com/cristales-de-agua.

Sabemos que nuestra estructura atómica y molecular genera la energía que conforma nuestro campo electromagnético. Es decir, somos una nube de energía con sus átomos y moléculas en continuo contacto con todo aquello que nos rodea. Por muy ignorantes o ajenos que vivamos a los estímulos externos, nada ni nadie se escapa de verse influido por la palabra, por la música, por una conversación o por una emoción o pensamiento recurrentes.

La propuesta de este capítulo es una invitación a la reflexión. Nada más y nada menos que eso. Un acto de conciencia para reflexionar acerca de cómo nos tratamos a nosotros mismos, cómo nos relacionamos con el entorno y el efecto que esto puede llegar a provocar en nuestra vida.

Si hablar con cariño a una planta la ayuda a crecer, ¿qué efecto puede tener el hablar con cariño a una persona?

Cada pequeño gesto cuenta: un «gracias», un «te quiero», un «perdona», una bella melodía, recitar un mantra... Todos y cada uno de ellos pueden modificar la estructura de tu agua o la de otra persona. Se trata de poner presencia, intención y conciencia en nuestros actos de cara a mejorar el pedacito del mundo en el que nos corresponde vivir.

13. LOTO

*«La mayor gloria no está en no caer nunca,
sino en levantarnos cada vez que caemos».*

Confucio

Cada noche, la flor de loto se cierra y se hunde en el lodo que la sostiene. Asentada sobre una mezcla de agua, barro e impurezas, cada mañana extiende sus pétalos, alzándose hermosa, pura, llena de luz y color, compartiendo su cautivadora fragancia sin una sola mota de barro en su interior.

Pese a estar rodeada de lodo, la flor de loto, con su mera presencia, se encarga de purificar y refrescar el agua donde vive. Con sus anchas hojas provee de sombra a los peces y ayuda a reducir la aparición de algas. Curiosamente, el barro se hace indispensable para su supervivencia.

Ves la metáfora, ¿verdad?

No necesitamos recluirnos en un monasterio, abandonar nuestra vida cotidiana o renunciar a aquello que nos hace sentir bien. No es necesario cambiar a nuestro jefe, influir en la conducta de nuestra pareja o tener un entorno siempre favorable. Al igual que la flor de loto, vivimos rodeados de impurezas, imperfección, e incluso de nuestra propia sombra. En este escenario siempre es posible cambiar nuestra percepción, nuestros comportamientos y nuestras creencias, abriéndonos de nuevo, cada mañana, con la mejor de nuestras intenciones.

Nuestro entorno es el que es pero siempre podemos impregnarlo de nuestra fragancia. Si trabajamos en elegir y desarrollar cómo nos relacionaremos con el mundo, pronto estaremos cosechando los frutos de este trabajo personal.

Del mismo modo que la flor vive necesariamente sobre el lodo, debes aceptar tus sombras. Somos perfectamente imperfectos. Es cierto que somos una obra de arte en movimiento, absolutamente coordinada, integrada y mágicamente dotada para las más increíbles proezas, pero nos equivocaremos, sufriremos, haremos daño a otras personas, tendremos conductas reprochables, incluso con nosotros mismos, y seremos infieles a nuestros principios... es nuestro lodo. Y sin él no seríamos lo que somos. Es una parte intrínseca a nuestra existencia, por lo que debes aceptar tu sombra y aprender a convivir en armonía con ella, sin dejar de abrirte cada mañana al mundo.

¿Seríamos capaces de sentir la alegría si siempre estuviéramos alegres? ¿Seríamos capaces de sentir la tristeza si siempre estuviéramos tristes? Cada luz lleva aparejada su correspondiente sombra, porque cada una da sentido a su contraria.

Y tan importante como abrirse y compartir es encontrar momentos para cerrar los pétalos, recogernos e intimar con nuestro ser. No hay equilibrio posible alejado de momentos de soledad e introspección. Es como el movimiento pendular: el impulso de uno de los lados nos lleva con más energía hacia el otro. Como decíamos antes, no se trata de recluirnos en un monasterio u ordenarnos monjes; es tan sencillo como aceptar los momentos para tomar conciencia de dónde estamos y qué sentimos, y asumir que, sea lo que sea, siempre será temporal.

Si la naturaleza sigue unos ciclos determinados, ¿por qué no respetarlos en nosotros que también formamos parte de ella?

Concédete la oportunidad de conectar contigo para escuchar tus pensamientos, para sentir, para tomar conciencia de dónde estás. Elige tus momentos y crea un hábito cotidiano. Diseña una atmósfera agradable en ti, aléjate del barro en tus instantes y siente la plenitud de ser. Solo cuidándote podrás compartir tu fragancia con los demás.

14. DESENCADENADOS

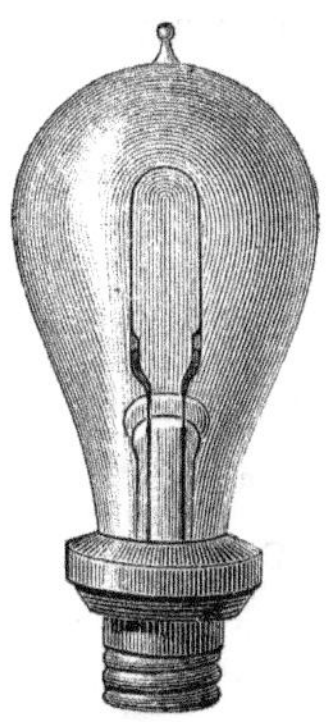

*«Lo esencial es invisible a los ojos,
repitió el principito para acordarse».*
ANTOINE DE SAINT-EXUPÉRY

Vamos a poner las cartas sobre la mesa. ¡Venga! Escribe una lista con los favores que has hecho a lo largo de esta última semana, el último mes, o incluso aquellos favores «prestados» a lo largo de este año, aquellos que consideras importantes. Solo tienes que pensar en las personas que te rodean para empezar a elaborar la lista: compañeros de trabajo, familia, vecinos, amigos...

¿Sabes por qué eres capaz de recordarlo? Porque en tu cabeza has abierto una libreta de deudas a todos ellos. Has «prestado» favores a la espera de recibir algo a cambio, o a la espera de que te sean devueltos. Fíjate que entrecomillo el término «prestado» porque no has «entregado» esos favores. Hay una deuda contraída de ellos hacia ti. Bueno, eso es lo que has creído y en consecuencia así lo sientes.

¿Has visto qué diferencia hay entre hacer un favor a un absoluto desconocido (ayudar a cruzar a una persona ciega, dar una limosna, levantar a un niño que se ha caído...) y hacer un favor a alguien conocido? Pobre de quien sea conocido porque guardaremos entre nuestros pensamientos el favor «prestado» hasta que nos sea compensado. Con cada favor que realizamos nos colgamos un gran eslabón de cadena de nuestro tobillo. Y así, una y otra vez; los favores se van anclando uno sobre otro y todos ellos sobre nosotros, mientras llevamos las cuentas de lo que «nos deben».

Sucede así porque hay un primer eslabón sobre el que se sujetan todos los demás. El primer eslabón es nuestra creencia adquirida de que «los favores deben ser compensados por quien los recibe». Probablemente, ya desde pequeñitos, al asistir a los cumpleaños de los amigos y dar nuestro regalo esperábamos una compensación en el nuestro. Antiguamente, en los pueblos existía la costumbre de apuntar la aportación realizada por las familias cuando se casaban los hijos para ver si se compensaba lo aportado. Y así, culturalmente, hemos ido integrando esta creencia de la compensación directa.

Realmente los favores se compensan, pero no del modo que hemos aprendido. Hay una ley universal de causa y efecto que actúa en todos los niveles: mental, físico, emocional y espiritual. Esta ley se manifiesta siempre, pero nuestra capacidad limitada y nuestro ritmo de vida nos impiden unir los puntos y comprobar que toda acción tiene su reacción.

La naturaleza, el universo, la vida, o como quieras llamarlo, se encarga de mantener en equilibrio absolutamente todo lo que te rodea. Y con los favores no es menos. No somos nosotros quienes determinamos este equilibrio, ni en qué dirección ha de producirse. Tampoco deberíamos dar a la espera de recibir, sino por el propio placer de ayudar a quien tenemos delante, dejando el equilibrio en manos de ese desconocido que teje los hilos de la vida.

Si quieres liberarte de estas cadenas de deudas, el primer paso será derribar la creencia.

A partir de ahora haz favores «regalados», no los prestes. Compórtate igual que haces con los desconocidos: sin esperar nada a cambio. Entrega y entrégate por el placer de ayudar, de sentirte útil, de ver cómo la otra persona se llena con tu aporte. Si no es así, mejor no lo hagas; recuerda que no debes nada a nadie, aunque ellos te hayan regalado favores a ti con anterioridad.

No tienes deuda alguna en ninguna dirección, igual que ellos tampoco la tienen contigo.

La única deuda se crea en tu pensamiento, se ancla en tu corazón y te lastra en tu camino. Somos los únicos responsables de las expectativas y la intención con que sembramos los actos de nuestra vida. ¿Y si tu pensamiento no deambulara por el inhóspito e insondable futuro en busca de compensación? ¿Y si tus favores no fueran más allá de este eterno presente que es la vida?

¿Recuerdas la lista con la que empezábamos al principio de este capítulo? ¡Quémala! Sí, métela en un recipiente y quémala. Y con ella tu creencia de que estas personas te deben algo. Ten por seguro que el universo tiene leyes que desconoces y que ninguna acción queda sin reacción. Libérate hoy de esas cadenas y libera también a aquellos a los que algún día les regalaste tu favor.

Ya me contarás qué sucede cuando te relacionas desde la contribución. Créeme que te vas a sorprender.

15. SR. WRIGHT

«Estoy intentando liberar tu mente, Neo. Pero solo puedo mostrarte la puerta. Tú tienes que atravesarla».
MATRIX

Al señor Wright le diagnosticaron un tumor linfático muy avanzado; apenas le daban unos días de vida. Preso de sus propios miedos, encontró un nuevo fármaco en fase de ensayo. En principio no estaba diseñado para tumores, pero el señor Wright insistió en que se lo administraran puesto que no tenía nada que perder. Pasados diez días le dieron el alta.

Al cabo de dos meses, el señor Wright leyó unas noticias que hablaban negativamente del antibiótico que recibió. Tras unos días fue ingresado de nuevo con el mismo pronóstico. Ya hospitalizado, se le administró una variante más potente del fármaco que le salvó la vida en la primera ocasión. A los pocos días volvió de nuevo a casa.

Pasados unos meses, leyendo la prensa, el señor Wright dio con un artículo médico que confirmaba que el medicamento que le había salvado la vida en dos ocasiones no tenía ninguna eficacia, que era puro placebo. Murió 48 horas más tarde.[2]

Si puedes imaginar, tienes el poder de alterar tu realidad.

Tu cerebro no distingue entre lo que realmente sucede y lo que imaginas. Simplemente imaginando o recordando situaciones agradables, de éxito, de alegría o de gozo, tu cerebro genera —entre otros muchos neurotransmisores— dopamina (responsable de influir en los niveles de motivación, placer, memoria, creatividad y optimismo). De hecho, cuando decides que vas a tomar un medicamento que piensas que te ayudará, tu cerebro se anticipa a la respuesta real de su consumo y reacciona como si ya estuvieras obteniendo ese alivio.

Estudios recientes confirman que el sistema inmune, el sistema endocrino y la corteza prefrontal del cerebro responden al efecto placebo positivamente, incluso igualando las tasas de respuesta del fármaco al que hacen de espejo.

De nuevo volvemos a las creencias, esos pensamientos instalados en tu mente a golpe de experiencias repetidas y emociones intensas. Si experimentaste algo y lo hiciste con suficiente carga emocional, o viviste una misma situación en diferentes ocasiones con igual resultado, esas serán tus creencias y, en consecuencia, la realidad que se manifiesta. Tu cuerpo y tu mente se organizarán para dar un sentido a tus pensamientos y emociones habituales.

Personalmente, estos últimos veinte años he basado mi salud en medicinas y tratamientos alternativos, pese a haberme visto envuelto en serios problemas de salud y haber escuchado frases poniendo fecha de caducidad a mi paso por «aquí». Como puedes imaginar, cada persona que tiene unas creencias diferentes a las mías ha encontrado un motivo de conflicto en ello.

---

2   Fuente: Scientific American Magazine.

Entiendo que puede resultar complicado imaginar una vida saludable sin hacer uso de los recursos más visibles y cotidianos del sistema. A estas alturas ya no me planteo verdades absolutas, ni creo en soluciones únicas; prefiero pensar en términos globales y de modo estratégico, dando a cada herramienta el uso que se merece. Por ello, si me dices que curaste tu enfermedad haciendo el pino durante quince minutos al día mientras escuchabas música de U2, lo único que puedo hacer es felicitarte sin cuestionar. Tu objetivo era recuperar la salud y lo alcanzaste; ¿realmente hemos de cuestionar los medios utilizados para ello?

Para los más escépticos, la investigación de la doctora Kelly Turner abre una generosa oportunidad para resolver la duda acerca de otros «modos» de recuperar el equilibrio perdido. Básicamente, su estudio se ha centrado durante diez años en hacer seguimiento a cerca de 1.500 personas en fases terminales, con la curiosidad de que todos ellos tenían algo en común: la remisión espontánea de su enfermedad.

Remisión espontánea significa que la persona mejora o se cura, definitiva e inesperadamente, de una enfermedad que normalmente debería seguir otro curso clínico. Esta definición se usa frecuentemente en casos de enfermedades crónicas o graves que mejoran sin una causa conocida. Es ahí donde aparece la doctora Turner, en busca de los patrones comunes que pueden «explicar» la causa de remisión.

Entre las coincidencias que encontró en los más de mil pacientes figuran las siguientes: todos habían realizado cambios radicales en su nutrición, habían asumido la responsabilidad de su salud, prestaban más atención a su intuición, consumían hierbas y suplementos, aprendieron a liberar saludablemente sus emociones reprimidas, permanecían más tiempo vinculados a emociones positivas, eran más receptivos al apoyo social y, por último, habían profundizado en aspectos espirituales.

¿Qué más da que el motivo de tu recuperación esté avalado por quinientos años de Historia o por treinta minutos de tu imaginación cada día? Y no solo hablo de salud, como en el caso del Sr. Wright, hablo del poder que reside en tu pensamiento, en tus creencias y en lo que tu mente proyecta constantemente. Hablo de la habilidad para gestionar conscientemente tu pensamiento, de escuchar tu diálogo interno y de convertirte en el papel principal de la obra de tu vida.

El único riesgo es que vivas con el piloto automático puesto y no seas consciente de lo que está pasando por tu cabeza, porque lo que está pasando, sin control, es tu vida.

Tendrás que soltar determinadas creencias y apegos que limitan el poder que reside en ti, pero una vez hecho, solo tú marcarás los límites.

16. POR ALGO BUENO

«Las cosas podían haber sucedido de cualquier otra manera y, sin embargo, sucedieron así».
Miguel Delibes

Como comprobarás en las páginas de este libro, tus creencias determinan tu vida: eres y creas lo que crees. Déjame compartir contigo una creencia que instalé en mi vida hace ya muchos años y que te reportará grandes dosis de «magia» en tu día a día. La premisa es sencilla; llevarla a la realidad e integrarla requerirá algo más de esfuerzo, pero te aseguro que merece la pena intentarlo.

Se trata de pensar, pero pensar hasta llegar a creértelo, es decir, emocionándote en el proceso. Debes hacer un gran esfuerzo de motivación, de autosugestión y de asimilación de que todo, absolutamente todo lo que sucede en tu vida, desde lo más pequeño e insignificante hasta lo más grande o trascendental, ocurre por algún motivo que te hará crecer, que te llevará a un estado mejor y que transformará tu realidad en una mejor versión. En esencia, que todo, absolutamente todo, sucede por algo bueno. O si lo prefieres en términos budistas, que todo lo que viene, conviene.

Sí, no te voy a negar que habrá determinadas circunstancias en las que no podamos ver en el corto plazo esa «bondad» de la que te hablo. Debes ser paciente y confiar en la creencia, darle tiempo al tiempo para que se materialicen las respuestas. Como dijo Steve Jobs en un discurso de graduación de la Universidad de Stanford: «al final, los puntos aislados terminan por unirse y todo cobra sentido».

Cuando dentro de ti se ha instalado este filtro, según el cual todo sucede por algo que te hará crecer e ir a mejor, de repente la vida cobra nuevos matices, asimilas las situaciones con mejor disposición, no te alteras por los acontecimientos, amplías tu perspectiva, tu paciencia se amplifica, tu comprensión aumenta, tus relaciones mejoran y tu visión se enriquece. Y ¡solo estamos hablando de una creencia!

Muchas veces nos damos por vencidos ante pequeñas situaciones cotidianas que bajan nuestros niveles de tolerancia y a esa suma de pequeños adversarios les damos suficiente valor como para hundir nuestro día, nuestra semana o, en el peor de los casos, nuestra vida. Pero eres tú, en definitiva, quien lo permite y acepta hundirse e identificar estos acontecimientos como adversos.

Concédete la oportunidad de intentarlo. Prueba a enfocar cada situación, que antes considerabas opuesta, como una invitación a descubrir dónde está la oportunidad que esconde la vida tras ella. Al cabo del día tendrás decenas de circunstancias para entrenarte: el atasco, la rotura de la cañería, la pérdida de las llaves, el fichero que se borró, el móvil que te robaron, la carrera en la media antes de la reunión, cuando te toque esperar porque otros llegan tarde a la cita…

Recuerda que los puntos terminan por conectarse; el problema es que no vivimos confiando en esa conexión en el medio o largo plazo y necesitamos la explicación, la comprobación y el resultado inmediatos.

Vivimos la situación aislada como una conjura contra nosotros, nos creemos nuestra «mala suerte» y ahí lo dejamos, lamentándonos y contaminando nuestra sangre.

Cada día es un entrenamiento para decidir cómo quieres interpretar tu vida y lo que en ella sucede. Te aseguro que una pequeña parte de responsabilidad corresponde a lo que realmente ocurre y la mayor parte a cómo te tomas lo ocurrido. Tú decides.

Estoy contigo en que determinadas circunstancias se escaparán a nuestra comprensión o capacidad de gestión. En estos casos doy por hecho que pese a nuestras magníficas capacidades tenemos ciertas limitaciones, siendo una de ellas la de comprender la vastedad de la vida. Nuestra curiosidad innata nos lleva a plantearnos los mecanismos de la misma cuando se nos pide vivirla con todos sus matices.

Con la invitación a incorporar esta creencia no estoy animándote a resignarte, agachar la cabeza y asumir cualquier cosa como válida; más bien te invito a fluir con aquello que no está en tu mano cambiar o no alcanzas a comprender. Según la filosofía taoísta, hay un concepto llamado *Wu Wei*. Este viene a decir que la forma más adecuada de afrontar una situación es no forzarla. *Wu Wei* se puede traducir como «sin esfuerzo» y «crecimiento». La mejor imagen para describirlo sería un árbol. Este no hace esfuerzos por crecer; simplemente se entrega cuando llueve, cuando hace frío y cuando el sol, en una tarde de verano, parece una lluvia de lava. Él simplemente fluye y en consecuencia crece.

El árbol no se pregunta por qué le sucede la lluvia, por qué el calor seca sus hojas o por qué el viento agita sus ramas hasta quebrarlas. La realidad que hay detrás de ello es una suma de acontecimientos naturalmente interconectados que dan sentido a la vida y la mantienen en equilibrio, un equilibrio difícil de comprender por el árbol y por nosotros.

Necesitarás bajar a las profundidades de los pozos de la vida para poder valorar y saborear el volar libre en cielos abiertos cuando te eleves, porque si siempre estuvieras volando nunca tendrías un término opuesto y complementario con el que comparar esas sensaciones maravillosas. Este es el difícil equilibrio que intentamos comprender y del que nos olvidamos cuando nos corresponde bajar a lo hondo.

En palabras de Martin Luther King: «da tu primer paso ahora. No importa que no veas el camino completo. Solo da el primer paso y el resto del camino irá apareciendo a medida que camines».

Empieza a mirar a tu alrededor con estas nuevas lentes y cuando hayas creado el hábito de la nueva creencia no dejarás de preguntarte por qué nunca antes te habías parado a interpretar de este modo lo que sucede.

17. RESPIRA

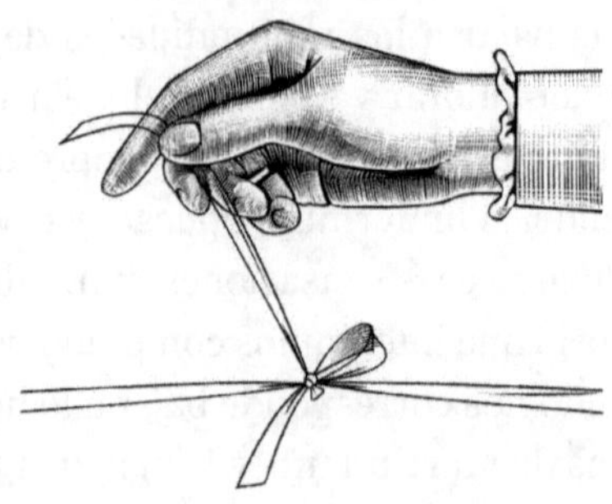

*«La tensión es quien crees que deberías ser.
La relajación es quien eres».*
PROVERBIO CHINO

Voy a suponer que te has educado en una cultura occidental, porque normalmente las culturas orientales tienen más interiorizado esto que quiero compartir contigo. Y, para hacerlo, empecemos por una bella historia que se cuenta en la India.

Se dice que cuando venimos al mundo todas las personas nacemos con un número de respiraciones asignadas, y que estas varían de una persona a otra. Reside en nosotros la capacidad de vivir una vida más o menos longeva en función del ritmo de nuestra respiración.

Es decir, aquellos que decidan vivir una vida al límite, estresados, corriendo de aquí para allá, nerviosos, ansiosos, y preocupados llevarán una respiración mucho más agitada y entrecortada, por lo que consumirán mucho antes el número de respiraciones con las que nacieron.

Por el contrario, aquellos que decidieron vivir una vida más pausada, con menos preocupaciones y más calmada, llevarán una respiración más acorde a su ritmo, y así podrán prolongar su vida.

Más allá de esta bella historia, es una realidad que una respiración agitada es incompleta desde un punto de vista funcional; nuestra sangre no se oxigena lo suficiente y, en consecuencia, los órganos reciben menos oxígeno del necesario. Por el contrario, una respiración abundante, plena y completa nos ayuda a eliminar toxinas y radicales libres.

Mentalmente, estas respiraciones profundas ayudan a generar un pequeño vacío de paz en el que, además, eliminamos mucho ruido interno y externo.

Pero no me creas, ¡hazlo!

Si necesitas relajarte a través de la respiración, simplemente siéntate o túmbate en una postura donde tu pecho no esté comprimido, ni tu abdomen presionado. Toma una inspiración tan profunda como puedas pero sin generar tensión en tu diafragma. Exhala mucho más lento de lo que inspiraste. Repite el proceso al menos tres veces y obsérvate. ¿No sientes que algo cambia en ti? ¿Notas cómo te invade una sensación de paz?

De no ser así, realiza más repeticiones. Encuentra tu punto de equilibrio; cada día será diferente y cada persona requiere de procesos distintos. La ventaja de este ejercicio es que es gratis, ¡aún no nos cobran por respirar! Así que aprovecha y disfrútalo.

Por el contrario, si lo que necesitas es activarte a través de la respiración, utiliza un método diferente. Inspira durante tres segundos. Mantén el aire inspirado durante tres segundos. Expulsa el aire de nuevo durante tres segundos y, antes de volver a inspirar, permanece sin aire en tus pulmones por tres segundos más. Este tipo de respiración está indicada para recoger más cantidad de oxígeno en tus células, por lo que te ayudará a «recargarte» en momentos de necesidad.

Un siguiente paso para profundizar en la respiración es ir logrando que poco a poco vaya bajando hasta el abdomen. Pero no fuerces o tu diafragma se bloqueará; comienza simplemente visualizando cómo el aire que inspiras va llegando cada vez más abajo y más profundo. Con el tiempo verás cómo tu abdomen se infla y desinfla. Esta respiración, que involucra más activamente al diafragma, permite un llenado pleno de los pulmones, la sangre se oxigena más y nos ayuda a eliminar o paliar estados de estrés o ansiedad.

Como cualquier aspecto de la vida, a medida que se entrena mejora. Técnicamente irás descubriendo los maravillosos efectos de algo tan simple como respirar, respirar conscientemente. Además, te he preparado otro capítulo un poco más complejo para que cuando hayas integrado este puedas dar un pasito más allá con otro tipo de respiraciones.

Según vayas profundizando notarás sus beneficios: emocionales, mentales y físicos. No necesitas nada más que intención y dedicación; tienes todo lo que hace falta allí donde estés para poder dedicarte unos minutos a respirar conscientemente y a ganarte –como decía la historia– algunos años más de vida.

18. ¡PARA!

*«Cuando no se encuentra descanso en uno mismo,
es inútil buscarlo en otra parte».*
François de la Rochefoucauld

19. RETROVISORES Y PRISMÁTICOS

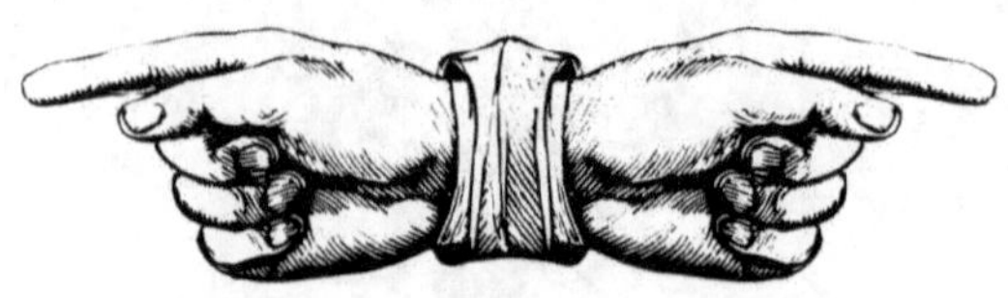

*«El milagro no es caminar sobre el agua.
El milagro es caminar sobre la tierra verde en el presente
para apreciar la belleza y la paz de la que se dispone
ahora».*
Thich Nhat Hanh

Por naturaleza nuestro cerebro nos condiciona, entre otras muchas cosas por estar diseñado para hacernos sobrevivir. Así que por defecto va a estar preocupado en buscar, localizar o anticipar motivos de dolor, sufrimiento o precariedad, incluso cuando estos sean solo un espejismo futuro que no tiene por qué materializarse.

Cuando dejas tus pensamientos sin atender, imagínate hacia dónde van a dirigirse. ¡Efectivamente!, hacia la búsqueda, creación o recreación de amenazas. En tu relación de pareja, en tu trabajo, en tu economía, en tus objetivos, en tu entorno... tu cerebro buscará hasta encontrar motivos suficientes para preocuparte y prepararte para sobrevivir a una situación potencialmente dolorosa.

Tu cerebro está «diseñado» para ello, es la configuración que traes por defecto sobre tus hombros, de modo que si no haces nada así será hasta el final de tus días. Pero también posee la capacidad de mutar, adaptarse y adoptar nuevas vías más saludables de funcionamiento, es decir, de establecer nuevos circuitos neuronales.

Se trata, en primer lugar, de tomar conciencia de tu «dolor». No te dejes arrastrar por él. Detente y haz una valoración del momento presente. Realiza un ejercicio consciente de apreciación y gratitud allí donde estés. Cierra los ojos, toma unas respiraciones profundas, conecta con tu cuerpo y las sensaciones que genera, y agradece todo lo que te rodea en este instante. Porque no hay nada más real que este preciso momento, siempre. Como hemos comentado en otros capítulos, el pasado ya no lo podemos cambiar y el futuro es impredecible e incontrolable, así que solo tienes el «ahora» como lo único real y sobre el cual apoyarte con certidumbre.

Cambia tus expectativas (futuro) o tu melancolía (pasado) por certeza. La certeza es este momento. Observa, aprecia y conecta con todo lo que te rodea en este preciso instante, porque cuanto mayores o más definidas estén tus expectativas, más probabilidad tienes de sufrir en el momento en el que se distancien de la realidad.

Cuando lo que sucede en tu vida se va acomodando a tus expectativas, todo está en orden aparente, pero en el momento en que los acontecimientos no van por los raíles de la expectativa, tu tren comenzará a descarrilar provocándote sufrimiento.

Del mismo modo, mientras el tren de tu vida avanza inexorablemente hacia adelante, el recuerdo constante del pasado te estará haciendo viajar con tu mirada puesta hacia atrás, en el último vagón, y sin la atención de su conductor.

Por ello te animo a reducir las expectativas exigentes y los recuerdos que provocan dolor. Ambos te llevan a vivir a medias, puesto que una parte de ti se aloja en un futuro incierto o en un pasado inevitable, siempre esperando, siempre pendiente de que las cosas encajen el día que lleguen o vuelvan a ser lo que fueron.

Libérate del futuro o del pasado, acércate plenamente a tu presente y extrae todo el jugo a este momento. Ahora mismo solo deberíamos estar tú y yo conectados a través de este libro. Cualquier cosa que añadas de más te estará sacando de este momento, generando distracción en un sentido u otro.

Céntrate en saborear el instante con cada uno de tus sentidos: toca el papel de este libro, siente la textura de sus páginas, observa las letras amontonadas unas sobre otras... ¿Puedes percibir algún olor donde te encuentras? Saborea tu paladar y capta sensaciones. ¿Y si levantas la vista del libro? Sin juzgar, ¿cuánta información presente puedes distinguir? ¿Qué temperatura sientes donde te encuentras? ¿Puedes diferenciar los sonidos cercanos de los más lejanos? ¿Y tu respiración, qué ritmo tiene? ¿Podrías cerrar los ojos y llegar a sentir los latidos de tu corazón?

Recuerda que siempre que tu cerebro salga de cacería en busca de amenazas, tú tienes el poder de traerlo de nuevo al momento presente. Mediante la conexión de cada uno de tus sentidos con tu entorno o con tus sensaciones corporales, una y otra vez lograrás establecer nuevos circuitos neuronales más saludables y alejados de los automatismos que traemos «de serie».

Para tu tranquilidad, Robert L. Leahy[3] llegó a la conclusión en sus estudios de que el 85% de nuestras preocupaciones nunca terminan por cumplirse. De hecho, me animé a realizar el mismo experimento junto con un grupo de personas de las redes sociales del «domador de cerebros» y pudimos comprobar por nosotros mismos cómo en seis meses nuestras preocupaciones quedaron simplemente en eso, en meras preocupaciones.

---

3   Director del American Institute for Cognitive Therapy de Nueva York y profesor de Psicología Clínica en la Weill-Cornell Medical School.

Desde este capítulo te invito a realizar la misma prueba: apunta ahora todo lo que te preocupa en este momento de tu vida, aquello que te quita el sueño o te inquieta, guarda la lista y ponte un recordatorio dentro de seis meses para volver a leerla; verás cómo una sonrisa de confianza se dibuja en tu cara para entonces.

20. BUCEANDO

«Para entender todo, es necesario olvidarlo todo».
Buda

Reconozco que siempre me atrajo la mística y el halo de misterio que envuelve al mundo oriental: sus largos tiempos de descubrimiento, sus secretos, sus parajes idílicos, sus templos, la voluntad de sus monjes, la figura del aprendiz y el maestro, su tradición milenaria, el sonido de las campanas, el olor a incienso de sus mausoleos...

Desde hace mucho tiempo, dado mi profundo interés en la búsqueda del desarrollo personal, hay una frase que siempre me ha acompañado: «el maestro aparece cuando el alumno está preparado». Entendí que mi camino me llevaría a deambular por diferentes centros de entrenamiento, por diferentes técnicas, por lecturas reservadas a unos pocos y por personas que se cruzarían en mi camino y que verían en mí a ese alumno sediento por descubrir.

También entendí que debería recorrer el mundo, desconectar de muchas personas, dirigirme a templos en la profundidad de las montañas, retirarme en meditación por largos periodos alejado de «mi mundo occidental».

Recorrí el camino.

Busqué en el exterior las respuestas a las preguntas que, como globos, emergían desde mi interior. Leí, cursé, probé, conocí y pregunté, pero el maestro y las respuestas seguían sin aparecer. Entendí que «el alumno aún no estaba preparado» y, pese a la sed insaciable de descubrir que seguía pulsando mi interior, me rendí, triste y agotado, por mi supuesta incapacidad.

Fue entonces cuando aquel desequilibrio y desgaste personal me llevaron a buscar la estabilidad y recuperación de mi barco después de tantos viajes. Simplifiqué. Me dediqué a meditar, a cerrar los ojos, a bucear dentro de mí. En un primer momento el vaivén alocado de mi mente inquieta se hizo notar. Poco a poco, el paso del tiempo me fue regalando un mar en calma, donde el ritmo de las olas mecía mi pensamiento, dando lugar a una paz profunda.

Las aguas, agitadas por mí en busca de respuestas, no me habían permitido ver el fondo y lo que este guardaba. A medida que se aquietaban mis olas y se asentaba el fondo, empezaba a ver con claridad.

«El maestro aparece cuando el alumno está preparado». ¡Vaya si apareció! Descubrí al maestro. Este siempre había estado presente, pero mi inquietud y la proyección hacia el exterior de mis anhelos no me permitieron buscar en el que ahora es el lugar más obvio: dentro de mí.

Las respuestas habitan en ti, las dudas se resuelven en ti, las soluciones están en ti, las ideas están en ti, la plenitud, la libertad y tu propósito, nacen en ti. El camino no se anda hacia afuera, el camino es interior. Cuando asimilas esto, tomas conciencia de que las soluciones externas son limitadas, mientras que los recursos de tu interior son infinitos.

No hay destino, no hay meta y no hay objetivo. El propio sendero es el destino, la meta y el objetivo, y estos te mostrarán lo que tengas que descubrir. En el campo de la conciencia, el desarrollo personal y el descubrimiento no hay un lugar al que llegar; tú eres ese lugar, infinito y eterno, cargado de matices que se irán revelando a medida que camines.

Como un gran árbol con sus cientos de ramas, encontrarás técnicas, prácticas, personas, disciplinas, viajes, maestros, libros y mensajes del exterior que pueden ayudarte en tu camino, pero la verdadera conexión se producirá al llegar al tronco de este gran árbol. Desde ahí es desde donde accederás a las raíces más profundas, al verdadero descubrimiento que se halla bajo las agitadas ramas de la superficie.

Si necesitas acompañar tu camino interior con parajes idílicos, templos, rodearte de monjes, encontrar un maestro que te guíe o buscar en tradiciones milenarias, ¡hazlo! Pero no olvides que ya portas una sabiduría ancestral en ti; solo se trata de bucearte con las aguas calmadas para poder conectar con ella.

21. ¿PERDONA?

«El hombre crece cuando se arrodilla».
ALESSANDRO MANZONI

Reduce tus niveles de estrés, aminora tu ritmo cardíaco te hace sentir menos dolores físicos, prolonga tu esperanza de vida, mejora tu actitud, aumenta tu facilidad para empatizar, enriquece tus relaciones...

Investigadores del Hope College reunieron a 35 hombres y 36 mujeres. Les solicitaron que recordaran situaciones de dolor donde aún mantuvieran resentimiento o rencor hacia alguien. Sus pensamientos mostraron un electromiograma[4] significativamente mayor, una frecuencia cardíaca más alta, una presión arterial más elevada y un aumento de la conductancia[5] de la piel. Lo curioso es que este esta-

---

4   El electromiograma es una prueba que se usa para estudiar el funcionamiento del sistema nervioso periférico y los músculos que inerva. Gracias a él se pueden diagnosticar con precisión enfermedades neuromusculares congénitas o adquiridas, y permite clasificarlas según su intensidad y origen.

5   Las emociones suelen tener relación con la capacidad de la piel para conducir la electricidad. En estados de estrés, ansiedad o miedo aumenta la sudoración en la piel y en consecuencia su facilidad para que discurra la electricidad. Si te encuentras en un estado relajado la conductancia de la piel será menor.

do fisiológico alterado se mantuvo tiempo después de haber realizado la prueba, es decir, durante los periodos de recuperación entre pensamiento y pensamiento.

Cuando se le solicitó al grupo que visualizara y proyectara pensamientos e imágenes de perdón respecto a esos recuerdos anteriores de resentimiento, las respuestas fisiológicas fueron notablemente mejores que en el caso anterior, concluyendo de este modo que el perdón mejora la salud física, mental y emocional.

Como habrás podido comprobar, el perdón es un ejercicio interior. El primer paso es tuyo, contigo y para ti. Pero, ¿cómo perdonamos?

Elige un momento de calma, un día de esos que puedes dedicarte algo de tiempo en un entorno tranquilo y sin distracciones. Lo primero que vamos a hacer es un ejercicio de comprensión y para ello te voy a pedir que tomes distancia de la situación que ocurrió; mírala desde fuera, como en una obra de teatro, no te identifiques con ninguno de los actores, simplemente observa.

Desde esa comprensión debes asumir que las personas no somos nuestras conductas. En determinadas ocasiones adoptamos roles que nos perjudican o perjudican a nuestro entorno, pero no por ello dejamos de ser quienes realmente somos: personas intentando hacer lo mejor que sabemos, lo mejor que podemos, con los recursos que tenemos y con una buena intención detrás de nuestros actos, pese a que esta, nuestra intención primaria, no beneficie a todos por igual.

¿A cuántas personas maravillosas has apartado de tu lado por una conducta inapropiada? Todos hemos hecho daño a alguien en algún momento de nuestra vida y quizá no hemos sido conscientes de ello, pese a nuestra buena intención.

Las conductas, propias y ajenas, siempre responden a alguna motivación. Normalmente desconocemos el mundo interno de los demás que está pasando en ese momento de su vida, qué noticia han recibido, qué emociones son incapaces de gestionar, qué pensamientos no les dejan vivir en paz, qué preocupaciones les atormentan, con qué recursos cuentan...

Debemos ser tremendamente comprensivos y respetuosos con lo que no vemos de las otras personas, con aquello que les ha llevado a comportarse de tal modo.

Si has sido capaz de llegar hasta aquí, viendo la escena desde fuera y comprendiendo, podemos dar un paso más: aceptar.

Acepta que cada uno es como es, es como puede y en parte es resultado de un cúmulo de acontecimientos que seguramente no ha sabido gestionar a lo largo de su vida. De este modo, en muchas ocasiones adoptamos conductas que no nos representan pero que nos permiten «salir del paso».

No intentes cambiar a las personas; el único cambio que puedes hacer está en ti. Acepta que tú formaste parte de aquella situación y como tal, aunque no seas capaz de verlo aún, eres corresponsable de lo que allí ocurrió. Acepta que esta situación te está provocando dolor y que quieres resolverla para liberarte.

Si has integrado en ti la comprensión y la aceptación es el momento de dar el último paso.

Si deseas continuar tu relación con esa persona, perdona y mantenla a tu lado. Puedes empezar en tu teatro visualizando la escena en la que te ves pidiendo perdón. Date tiempo, visualízala tantas veces como lo sientas necesario y, cuando te hayas convencido y te sientas capaz, díselo en persona.

Si no es así, si la persona y tú no sois afines y quieres apartarte del camino que os une, perdona igualmente. Quizá solo quieras visualizarlo y no necesites llevarlo definitivamente a la realidad, pero no dejes de hacer el ejercicio de visualizar este perdón y conectar profundamente con el mismo. Aléjate y deja partir a las personas sin albergar en tu corazón ningún tipo de resentimiento.

Como has visto en el experimento del Hope College, la única persona que sale perjudicada al resentirse con esas situaciones eres tú. Como dijo Shakespeare: «la ira es un veneno que uno toma esperando que muera el otro».

Date tiempo, no te presiones y no dejes de perdonar y perdonarte desde el corazón.

22. CÓMETE LA OLLA

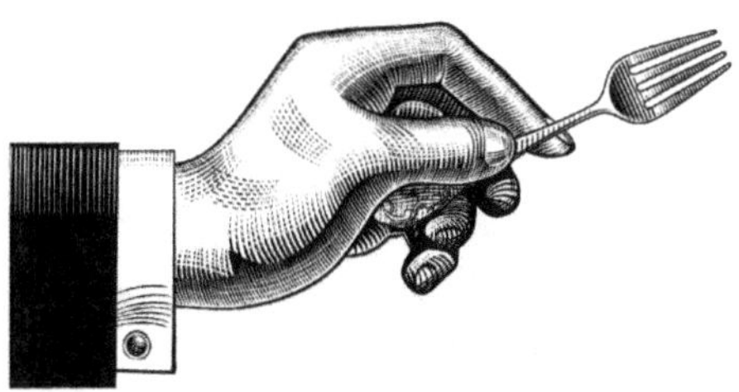

*«Que tu alimento sea tu medicina
y que tu medicina sea tu alimento».*
HIPÓCRATES

Hablar de alimentación o dietas en nuestros tiempos se está convirtiendo en un tema controvertido, casi tanto como hablar de política, fútbol o religión. Cada uno tiene «su verdad» y se aferra a la misma hasta que desaparece o encuentra una verdad más calentita en la que cobijarse.

Me entristece que las corrientes de pensamiento relacionadas con la alimentación estén enfocadas en aspectos estéticos o se centren en lograr objetivos para determinadas épocas del año.

Es cierto que los alimentos de los que disponemos hoy día cualitativamente ya no son los mismos que comían nuestros abuelos, así que probablemente ya no deberíamos seguir comiendo como comíamos antes. Deberíamos adaptar nuestra alimentación a los nuevos tiempos y estilos de vida.

Con un poco de indagación por tu parte, vas a encontrar un sinfín de propuestas, la mayoría centradas en aspectos de imagen, olvidando el aporte hacia nuestra salud que tiene la ingestión de cualquier cosa. Hemos pasado de un concepto de «nutrición» a un concepto de «alimentación», y las consecuencias no se han hecho esperar.

Está demostrado que nuestra dieta influye notoriamente en nuestro estado de ánimo, en nuestro rendimiento académico, en nuestra fortaleza ante la enfermedad y en nuestra manera de enfocar la realidad. Somos un universo de sustancias y procesos químicos fruto de lo que ingerimos y cómo lo ingerimos, sin olvidar nuestros pensamientos y emociones, que aportan otra batería de químicos a nuestro organismo según nos sintamos y pensemos.

No creo en las grandes verdades que sirven para todo el mundo y pienso que todos debemos encontrar nuestro propio equilibrio; aun así, a continuación comparto contigo algunos principios que pueden serte de utilidad para mejorar notablemente tu salud:

- Eliminar los productos refinados (azúcar, harina, arroz blanco, sal...) así como las leches procedentes de animales.
- Reducir la ingesta de alimentos procesados (fritos, rebozados, congelados, ahumados, salazones...)
- Que el 90% de la nutrición proceda de frutas, verduras, hortalizas, semillas, frutos secos, legumbres, algas...
- Mantener el cuerpo hidratado (el agua es la mejor fuente). No cuentes los litros, escucha a tu cuerpo.
- Varias veces al mes comer lo que se antoje. Lo llamo «vacunas»: dar a tu cuerpo todo aquello que no le hace bien *a priori*, pero muy pocas veces. Igual que cuando nos vacunan, que nos inyectan un virus, pero en dosis tan pequeñas que el cuerpo se sobrepone sin problema y es capaz de «reconocer al enemigo».

- Suplementar aquellas vitaminas de las que pueda carecer tu alimentación. La vitamina C tiene más poder del que puedes imaginar.
- Incorporar alimentos con capacidades específicas a la dieta diaria: espirulina, setas shitake y reishi, jengibre, quinoa, cúrcuma, aceite de coco, prebióticos, probióticos, fermentados...

Desde que descubrí que el 70% del sistema inmunitario «vive» en el intestino cambié radicalmente mi modo de comer y entender los alimentos. Es cierto que tuve que verme obligado a hacerlo por motivos de salud, pero esta circunstancia, no solo me abrió los ojos a una nueva realidad, sino que me confirmó que la naturaleza nos provee de «medicamentos» naturales para recuperar el equilibrio que un día perdimos.

La parte interesante es que existe comunicación entre cerebro e intestino: el primero influye sobre el funcionamiento del segundo, y los quinientos millones de neuronas que conforman el intestino (cinco veces el número de neuronas de la médula espinal) influyen en el funcionamiento del cerebro.

Mediante la gestión emocional, la gestión de tus pensamientos y la alimentación, puedes dar un giro de 180º a tu vida y a tu salud.

23. ¿SACAS LA BASURA?

*«No sabemos lo que nos pasa y
eso es precisamente lo que nos pasa».*
JOSÉ ORTEGA Y GASSET

Acabas de irte a vivir con tu pareja y comenzáis a construir uno de vuestros sueños juntos. Una frase cotidiana suena en medio de esta nueva y maravillosa etapa: «¿sacas la basura?». Intercambio de miradas, sonrisas y, sin pensarlo dos veces, sacas la basura siguiendo un ritmo musical con tus caderas.

Misma escena años más tarde.

Tu pareja vuelve a pronunciar el «¿sacas la basura?». De repente, veinte pensamientos se agolpan en tu cabeza y no sabes a cuál atender primero: «Y ¿por qué tengo que sacarla yo?», «¿otra vez?», «¿por qué no la sacas tú?», «qué cara tiene, me lo dice desde el sofá», «¡siempre tengo que sacarla yo!»... Y así un sinfín de opciones.

¿Qué ha cambiado en estos años? Tú. Sí, tú.

Casi te escucho decirme que tu pareja también, pero quiero mostrarte que esto da igual.

Todo lo que nos dicen, o dejan de decirnos, son palabras o silencios en un momento concreto de nuestra vida, en el que nos encontramos de determinada manera. Ese punto en el que estamos tiñe de diferentes colores los mensajes que recibimos del entorno. Somos absolutamente responsables de la interpretación, juicios, comparaciones y proyecciones que realizamos sobre la información que percibimos de nuestro entorno.

Te propongo un juego. Imagínate a cinco personas diferentes de tu entorno cercano diciéndote: «¿sacas la basura?». El mensaje es el mismo, ¿verdad? Pero nuestra interpretación cambia radicalmente de unos a otros. ¡No son ellos! Insisto, son nuestros juicios, prejuicios, comparaciones y proyecciones los que dan un color diferente a un mismo mensaje. Ellos, el exterior, no cambia; cambias tú, reaccionas tú, interpretas tú.

¡Qué magnífica oportunidad poder recibir *feedback* de tu entorno para poder modelar cada día una mejor versión de ti!

Te invito a que superes las comparaciones buscando tu necesidad no cubierta. Cada vez que te comparas con alguien, estás viendo algo en la otra persona que aún no está satisfecho en ti; salta una llamada de atención para que te des aquello que no te estás permitiendo y que valoras en el reflejo de ti en el otro.

Te invito a superar el resentimiento expresándole a la otra persona lo que necesites. Si resientes, es porque algo sigue en ti sin solucionarse. Expresa lo que esperabas y no fue, expresa lo que creías y no se dio, expresa qué expectativa depositaste en la otra persona que no se cumplió...

Aprende a pedir y a expresar lo que desees para no ir acumulando este ácido corrosivo llamado resentimiento.

Te invito a superar los juicios y prejuicios aprendiendo a ver tu reflejo en el otro, en aquello que llama tu atención, porque tus neuronas te están dando una pista de algo a mejorar en ti. Escucha las opiniones, suposiciones y creencias que proyectas en la otra persona y aplícalo en ti. Tu cerebro no se equivoca al reflejarte en los demás. Aquello que manifiesta tu pensamiento tiene que ver más contigo que con la persona que tienes delante o que viene insistentemente a tu cabeza.

A este trabajo de honestidad, de aprender a ver cómo y por qué tiñes de diferentes colores los mensajes que recibes, lo he llamado «sacar la basura»: pensamientos y emociones que no has trabajado durante un tiempo, que se han ido acumulando y necesitan ser gestionados. Enfréntate a tu basura, sácala, haz una limpieza interior parando a observarte ante determinadas personas y situaciones.

Al final, nadie más que tú pone la música que suena en tu día a día. Eres absolutamente responsable de lo que oyes y de cómo lo interpretas; solo tú diriges la orquesta de tus pensamientos.

Elige una bonita melodía para acompañarte y ¡báilate la vida!

24. ¿QUIÉN DIJO MIEDO?

«Aprendí que el coraje no es la ausencia de miedo, sino el triunfo sobre él. El hombre valiente no es aquel que no siente miedo, sino el que conquista ese miedo».

NELSON MANDELA

Siempre he entendido el miedo como la pólvora: en función del uso que le des puede destruirte o llevarte a explorar y descubrir capacidades maravillosas dentro de ti.

Entiende el miedo como aquellas programaciones en tu mente que *a priori* no sabes controlar y te limitan. Estos miedos se han forjado a partir de situaciones, experiencias, creencias y un sinfín de elementos mezclados entre sí y casi sin control.

Los miedos suelen atarnos, bloquearnos, limitarnos e impedirnos lograr una vida plena.

Se pueden materializar de muchas formas posibles y suelen aparecer como pensamientos limitantes a los cuales les hemos dado tanto poder que llegan a ejercer cambios en nuestra fisiología. Desde los efectos más sutiles, cuando nos sonrojamos al hablar en público, hasta dejarnos aferrados a una silla con sudoración y vértigos cuando nos exponemos a una altura considerable.

El miedo nos paraliza, nos controla y nos bloquea.

Pero hay una característica importante en estos miedos que cabe destacar. Sabemos que tras la superación de los mismos nos espera algo maravilloso, algo estupendo y un potencial de crecimiento en nuestras capacidades o conocimientos. Te hablo de miedos o bloqueos que todos tenemos en espera de ser superados, porque sabemos que tras ellos hay una recompensa.

La propuesta que voy a hacerte es sencilla: confecciona una lista con tus miedos, los que cambian tu estado de ánimo y te bloquean. Ojo, hablamos de miedos que una vez superados te van a enriquecer y con los que sabes que vas a crecer. De todos ellos elige el que menos te asuste, el que creas que más fácilmente puede ser superado. Hazlo presente, céntrate en él y toma todas las referencias que puedas respecto al mismo.

Ahora, cierra los ojos e imagina una situación práctica en la que te veas en un momento de tu vida donde se desencadena ese miedo. Siente todos los detalles de la situación: sonidos, colores, olores, personas, objetos, sensaciones corporales... Crea un entorno lo más realista posible de todo ello mientras mantienes tus ojos cerrados.

Una vez te sientas totalmente allí, toma varias respiraciones rápidas y profundas y comienza a imaginarte con fuerza, con capacidades, con energía, superando con creces y venciendo esta atadura, esta limitación, este miedo que te bloqueaba. Juega con él, hazlo pequeño, estrújalo, y mírate a ti en posiciones y proporciones de superioridad... No hay límites, pon a jugar tu imaginación. Llénalo de detalles, regodéate y disfruta de visualizarte venciendo lo que creías invencible. No pares hasta lograrlo, hasta convertirlo en imágenes en tu mente. ¡Visualízalo!

Podemos afirmar que imaginarlo desencadena la misma química corporal que hacerlo en la realidad, así que cada día que visualices e imagines será para tu cerebro un día más en el que ya habrás vencido tu miedo. Llevarlo a la realidad será entonces mero trámite, puesto que para tu cerebro ya lo has hecho más veces, de modo que la situación no es nueva y reaccionarás de un modo natural, igual que lo imaginaste. Visualiza el mismo proceso tantas veces como creas necesario hasta elegir una fecha en el calendario en la cual llevarás esa experiencia a la realidad.

Fija una cita contigo donde plantarás cara a este miedo, lo enfrentarás y lo superarás de una vez por todas, igual que lo has hecho en tu mente. Llévalo a cabo y sorpréndete de las maravillas que se escondían tras esa barrera.

Ahora que has despertado tu capacidad de superar miedos, lánzate cada vez a por retos mayores, progresivamente, uno a uno y en escala de dificultad creciente, para que vayas ganando confianza y liberando la química cerebral para afrontar estos desafíos. Recuerda que tu cerebro no distingue entre las creaciones mentales y la realidad.

Hay un mundo por descubrir tras las puertas de los miedos. No esperes, haz lo que temas, ¡hazlo!

25. QUÉ CREES

«Para ver, cierro mis ojos».
PAUL GAUGUIN

Te propongo un juego. Al final, ¿la vida no es eso, un gran juego?

Elige un tema y pregunta a tantas personas como puedas acerca del mismo, pídeles su opinión. ¿Nos anticipamos al resultado? Pues sí, como has intuido cada uno te va a dar «su visión». Habrá quienes coincidan y quienes se hallen en las antípodas de tu punto de vista.

Ahora la gran cuestión: ¿quién tiene razón? Todos tienen razón. Para cada uno, aquello en lo que cree son los cimientos de su vida. Repito: los cimientos de su vida. Construir una creencia requiere de tiempo y de la concurrencia de emociones que llevan a la persona a creer que las cosas son así porque así se le han presentado.

¿Cuántas veces necesitas vivir un acontecimiento para terminar creando una afirmación respecto al mismo? Dependiendo de la intensidad emocional con la que hayas vivido el suceso, una vez puede ser suficiente para hacer arraigar una creencia. O si has vivido diferentes situaciones con finales similares, también terminarás creyendo que eso es así y que siempre lo será.

¿Te suena la frase: «todos los hombres son iguales»? No es otra cosa que la suma del mismo acontecimiento (relaciones con hombres) con parecidos resultados y una carga emocional similar e intensa. Esta suma va creando una forma de ver la vida, de ver las relaciones, de limitarnos a creer que esto ha de ser así porque en nuestra experiencia siempre lo ha sido.

Dijo Henry Ford: «tanto si piensas que puedes, como si piensas que no puedes, estás en lo cierto». Este es el verdadero poder de lo que crees. Las creencias nos impulsan a vivir con plenitud o nos limitan a lo creído sin dejar margen más allá de su existencia. Cuando logras algo es porque crees que puedes hacerlo, y además desarrollaste las capacidades necesarias para lograrlo. Cuando no alcanzas lo que te propones, argumentas y te excusas en tus creencias, bloqueando además tus capacidades. Es una manera cómoda de gestionar una «derrota», sin darte cuenta de que ya habías perdido antes de empezar siquiera. Lograr algo o fracasar depende en gran medida de lo que tú crees. Me atrevería a decir que un 80% del resultado viene determinado por tus pensamientos y el 20% restante es solo el modo en el que te empleas para lograrlo.

Demos un paso más allá con palabras de Jean Cocteau: «lo consiguieron porque no sabían que era imposible». Imagina que viviéramos aún como niños pequeños, donde nuestra mente estuviera limpia de barreras, sin prejuicios, sin creencias limitantes y sin sentimientos negativos asociados a recuerdos. ¿Por qué crees que los procesos de aprendizaje físicos y mentales de los pequeños avanzan tan rápido? Ellos no se cuestionan, no ponen trabas, no tienen creencias arraigadas: simplemente se lanzan a la acción liberados de su mente y las ataduras del ego. Caen y vuelven a levantarse, sin autocrítica, sin juicio y sin reproche. Vuelven, una y otra vez a la acción hasta que dominan su objetivo y, una vez logrado, ¡a otra cosa!, sin regodeos ni alardes.

La vida no es lo que sucede, es lo que tú estás interpretando que sucede. Las creencias son unas gafas con cristales de colores. Si tus cristales son azules, todo lo que te ocurra en la vida lo verás de color azul. «Yo no puedo hacer eso», «es demasiado para mí», «no estamos preparados aún», «las personas son egoístas», «mi pasado me condiciona», «yo no valgo para estudiar...» y así podríamos seguir.

La cuestión es que la creencia suele ser un círculo vicioso, porque a medida que se cumple lo que crees, esta se va arraigando aún más en ti y te reafirmas en ella: «¿Ves?, ha ocurrido justo lo que yo decía».

Salir de este juego implica replantearte todo el sistema de creencias montado alrededor del hecho a tratar.

Las cosas no son de tal o cual manera y no hay una verdad absoluta, sino diferentes miradas interpretando esa «realidad». Existe tu verdad y el modo en el que tú quieres ver la vida. Escúchate cada día, anota esos pensamientos o esas frases que dan forma a tu realidad, toma conciencia de cómo estás limitándote y acepta el hecho de que puede ser «de otro modo».

Analiza tu lista de creencias, selecciona una e intenta ver desde fuera cómo te desenvuelves con ella. Ahora adopta una creencia diferente, redáctala; da igual que aún no te la creas, simplemente acepta la posibilidad de cambiar el color de los cristales con los que miras. Cada vez que salte en ti la creencia que te limita, párate y proponte la alternativa que te potencie; recuérdatela mentalmente, léetela o escríbela para afianzarla. A la nueva creencia añádele cierta carga emocional. Por ejemplo, ponte tu canción favorita, refuérzate con un paso de baile, salta, grítala, cántala, o chasquea los dedos mientras sonríes... En definitiva, apórtale emoción porque es el modo en el que se instalan en tu sistema de pensamiento.

Si crees que todos los hombres son iguales, lograrás que todos sean iguales, no por arte de magia sino porque estás creando la realidad en base a tu credo y necesitas reafirmarte en tus pilares. Si te das la oportunidad de pensar que determinadas personas tuvieron una conducta puntual y que las conductas no determinan quienes somos, estarás abriendo en ti –y en tu vida– la posibilidad de generar encuentros con personas diferentes. Pero has de trabajar profundamente en tu nueva creencia.

Y así con todo lo que te rodea.

Tus neuronas y tu cerebro están diseñados para replantear y rediseñar tus creencias, tanto aquellas que te impusieron como las que tú construiste. No eres demasiado mayor ni demasiado joven para transformar lo que desees.

Recuerda que, creas lo que creas, siempre estarás en lo cierto.

26. UN POCO DE GRIEGO

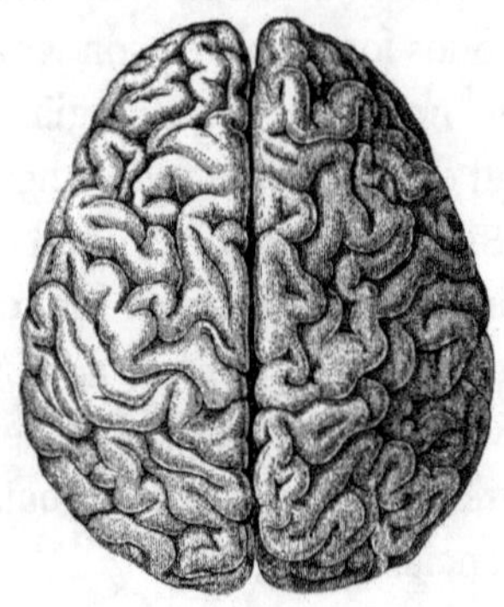

*«El cerebro no es un vaso por llenar,
sino una lámpara por encender».*

Plutarco

En neurociencia se distinguen, al menos, cinco frecuencias vibratorias de nuestro cerebro: beta, alfa, theta, delta y gamma. Las frecuencias vibratorias son impulsos eléctricos que emite nuestro cerebro en función de su actividad y son medidas en hercios. Para entendernos, la frecuencia son las veces que se repite esa onda (impulso eléctrico) en un intervalo de tiempo.

Permíteme que avance con un poco más de teoría.

Beta es una frecuencia que oscila entre los 14 Hz y 40 Hz. Estas ondas cerebrales se asocian con la conciencia normal de vigilia y un mayor estado de alerta, la lógica y el razonamiento crítico. Ahora mismo, mientras lees, estás en beta y en el 90% de tus actividades cotidianas tu cerebro está en esta frecuencia por defecto. Pese a ser una frecuencia necesaria, los niveles de beta más elevados se traducen en estrés, ansiedad e inquietud. Es como estar todo el día andando sin parar: es algo para lo que estamos preparados, pero no sería saludable permanecer ahí prolongadamente.

Bajando en frecuencia, nos encontramos con alfa, que va desde 7,5 Hz hasta 14 Hz. Estas ondas surgen en estados de relajación, con los ojos cerrados o en el estado que llamamos de «soñar despiertos». La meditación y la relajación son buenos ejemplos generadores de ondas alfa: aumentan tu imaginación, mejoran tu visualización y memoria, facilitan el aprendizaje y, por supuesto, favorecen la concentración. A medida que profundizas en los 7,5 Hz de alfa, accedes a la puerta de tu subconsciente y con ello al potencial de poder modelar con más éxito tu cerebro (pensamientos, creencias, miedos, fobias...)

Alfa es el gran «portal» desde el que trabajar tu programación mental. Si quieres estudiar con menor esfuerzo, comienza desde alfa. Si quieres reprogramar tu miedo a las alturas, hazlo desde alfa. Si quieres reducir tus niveles de estrés, pon tu cerebro en alfa. Si quieres mejorar tu intuición en la toma de decisiones, pasa más tiempo en alfa. Si buscas respuestas, reduce la frecuencia de tu cerebro a niveles alfa. Si quieres amplificar cualquier tratamiento de salud, dedícate tiempo en alfa. Si quieres mejorar tu magnetismo personal... ya sabes el camino.

Ahora es cuando me preguntas cómo haces para reducir tu frecuencia cerebral y llevarla hasta alfa. Aquí van los ingredientes que favorecen este estado: intenta permanecer en una posición cómoda sin tumbarte (para evitar que te duermas). Cierra los ojos. Reduce o elimina la luz de tu entorno (la luz estimula nuestra glándula pineal en contra de alcanzar el estado alfa). Reduce o elimina cualquier fuente de sonidos, ruidos o distracciones.

En esta posición, realiza varias respiraciones profundas, espirando más lento de lo que inspiras. Comienza a hacer un repaso mental minucioso a lo largo de tu cuerpo, de pies a cabeza, y ve notando cómo cada parte comienza a relajarse y pesa.

Una vez que hayas recorrido todo tu cuerpo y lo hayas relajado, realiza una cuenta regresiva de catorce a siete y pon la atención en la respiración pausada que has alcanzado.

Cuando llegues a siete te encontrarás muy cerca del estado de «recién despierto» de por la mañana o con cierta somnolencia. Ahí estarás en alfa y desde ahí puedes simplemente permanecer presente, programar verbalmente tu cerebro, realizar afirmaciones positivas, comenzar a memorizar el tema que se te resistía para el examen, disponerte a establecer un proceso creativo, o lo que realmente quieras.

Esta herramienta es un fantástico complemento a casi cualquier otra explicada en este libro, de modo que úsala como comodín para crear tus propios métodos.

Ve poco a poco, un objetivo cada vez, y repite el mismo tantas veces como necesites hasta ver resultados. ¡No tengas miedo! Los límites los pones tú... Juega y sorpréndete del tremendo potencial que tienes desde alfa.

27. SINCRONICIDAD

*«El inconsciente no tiene tiempo.
Parte de nuestra psique no está en el tiempo ni
en el espacio. Estos son solo una ilusión».*
CARL G. JUNG

Sergei es el socorrista y encargado del mantenimiento de la piscina. Antes de escribir este capítulo he decidido hacer un descanso y bajarme a nadar un rato. Sergei me saluda como de costumbre, pero con cara de asombro, mientras me dice que estaba pensando en mí justo antes de que apareciera.

Me pregunta acerca de este tipo de situaciones y mantenemos una agradable conversación sobre las «casualidades».

Últimamente en estos casos me remito a Carl Jung y a su concepto de sincronicidad (o casualidades significativas) como principal argumento desde donde hablar sin caer en teorías más abstractas.

Según Jung, la sincronicidad vendría a justificar una conexión entre las personas y el entorno por la cual en determinadas ocasiones se crean circunstancias coincidentes que cobran gran significado simbólico para quienes las viven en primera persona.

En esencia, este tipo de sucesos solemos calificarlos como mágicos, de azar o suerte, según nuestras creencias.

Recordarás ese día que pensabas en tu amiga; de repente sonó tu teléfono y era ella. Ese paseo donde pensabas en alguien de tu infancia y al doblar la esquina os encontrasteis. Ese sueño premonitorio que se cumplió. Cuando preguntaste a tu pareja si le apetecía cenar sushi y ella estaba pensando precisamente lo mismo en ese momento. O elevándolo a mayores, habrás oído de personas que han salvado su vida por un «error», un «retraso», o situaciones inconcebibles para la razón.

Ampliando nuestra mirada, parece que todo responde a un plan superior o a un orden inabarcable por nuestro pensamiento cartesiano y limitado.

Si tuviste la oportunidad de vivir alguno de estos «casuales» sucesos, estoy convencido de que darías lo que fuera por tenerlos más a menudo, por revivir esa mágica sensación, por sentir ese pequeño vuelco en el estómago y dibujar una cara de sorpresa de nuevo. No voy a decirte que haya encontrado el Santo Grial o que pueda explicarte cómo suceden, pero si quieres podemos hacer algo para favorecer estos sucesos más a menudo.

Este capítulo es una vez más una llamada a bajar la velocidad con la que vives, a levantar el pie del acelerador y a conectar contigo.

Sí, parece que muchas cosas se resuelven así, es lo que hay; no esperes grandes fórmulas y misterios para las cosas maravillosas de la vida, casi todas se anclan en la sencillez, la voluntad y la intención.

Lo que te propongo, si deseas captar los símbolos que cada día se agolpan alrededor de ti cargados de mensajes con significado para tu vida y con respuestas que dan sentido a tus dudas, es que bajes el ritmo. De otro modo estarás intentando captar los detalles del paisaje desde un tren de alta velocidad y solo verás una franja verde y una azul.

A medida que reduces la velocidad, la franja verde se convierte en árboles, hierba, prado, montaña... mientras la franja azul deja de serlo para mostrarte un cielo entremezclado de nubes, aves y matices de sol. Si continúas reduciendo tu velocidad vital, llegarás a distinguir la variedad del árbol, el tipo de flor, el ave específica y los infinitos tonos de azul que se entremezclan en el cielo.

En el tren de tu vida ocurre lo mismo: a medida que vas reduciendo la velocidad te permites ver el paisaje completo. Cuanto más despacio vas, más detalles aprecias. No es que estos aparezcan por arte de magia; ya están ahí, pero tú te has dado el permiso para descubrirlos.

El ritmo de vida actual nos permite mirar absolutamente todo, pero solo unos pocos tienen la capacidad para ver en ese «todo» los símbolos y mensajes reservados para ellos. Esos pocos que decidieron aminorar la marcha, saborear los detalles y viajar observando el paisaje.

No sé si llegaste a percatarte de ello, pero justo antes de que yo bajara a la piscina y de que Sergei me dijera que estaba pensando en mí, yo ya había dejado escrito en la pantalla del ordenador el título de este capítulo, a la espera de ser redactado a mi vuelta: sincronicidad.

28. COPIAD

«Sé lo que deseas parecer».
SÓCRATES

Como cada viernes a las tres de la tarde, al terminar mi jornada de trabajo semanal en la agencia de publicidad, comía algo ligero, me subía a la moto y me dirigía a la escuela para creativos publicitarios.

Mi papel en la escuela consistía en trasladar mi experiencia a los futuros profesionales. Personalmente siempre me ha resultado tedioso permanecer sentado escuchando a una persona hablar durante horas, así que decidí darles a mis clases un formato más participativo, más lúdico, más directo, más informal... El cerebro fluye creativamente cuando nos relajamos, jugamos y soltamos los prejuicios de cómo debe de ser una clase.

Durante varios meses, todos los viernes me encontraba con estos grupos para acompañarlos en sus procesos creativos y en la transformación de la manera en que enfocaban la realidad, porque muchas veces la creatividad no es otra cosa que mirar lo mismo que ven los demás pero desde un punto de vista diferente.

Puede que la herramienta que quiero compartir contigo suene paradójica, y muy seguramente no todos los profesionales de la creatividad vayan a reconocer lo que voy a afirmar, pero el primer día de clase siempre lo iniciaba con un: «¡copiad, por favor!; en el momento en el que estáis de vuestra carrera ¡copiad!».

«Pero David, ¿cómo puedes decirle a un creativo, futuro director de arte o diseñador, que copie?». Me explico, y en la explicación abro la introducción para aplicar esta herramienta allí donde te encuentres y sea cuál sea tu objetivo.

Cualquier persona que desea comenzar algo en su vida tiene un impulso natural y habitual a construir el camino desde cero, con sus únicos medios, con el mayor esfuerzo, y probablemente sin pedir mucha ayuda. Nos hemos creído que de otro modo no vale, no obtendremos resultados o no seremos reconocidos por ello. Otra tonelada de creencias que nos limitan para alcanzar saludablemente nuestros objetivos.

Permíteme que te hable de un concepto llamado «modelar». Viene a decir que si alguien ya anduvo el camino que tú quieres comenzar, será mejor, en términos de eficacia, pisar sobre las huellas que aquel fue dejando.

Se trata de seguir con la mayor nitidez, precisión y firmeza los pasos de aquellos que alcanzaron la cima que tú te has propuesto coronar. Trasladado a la realidad, se trata de exprimir todos los detalles de aquello que deseas e incorporarlos a tu vida hasta extremos insospechados y hasta donde te atrevas a llegar.

Imagina que quieres convertirte en una persona con facilidad de palabra, una gran oratoria, don de gentes, incluso con cierto magnetismo a la hora de hablar en público. Lo más probable es que por defecto comiences por improvisar, te compres algún libro sobre el tema, te apuntes a algún taller y hagas lo mejor que puedas hacer con los recursos de los que dispongas y tu criterio.

La propuesta del «modelaje» sugiere encontrar a las personas que para ti representan las cualidades que anhelas: son grandes oradores, tienen facilidad de palabra y fluyen hablando en público. Una vez localizadas, se trata de bucear en sus caminos, ir al origen, a las fuentes de donde bebieron, conocer absolutamente todo lo que esté a tu alcance de ellas, de su método y de sus pasos. Además puedes comenzar a vestir igual, adoptar sus gestos, seguir sus rutinas diarias, hacer todo lo que ellas hacen en su vida, hasta que encajes en el molde que les hizo llegar al que ahora es tu objetivo.

Puede que estés pensando que todo esto sería mera fachada, que no por ello vas a lograr una capacidad de oratoria mejor. Cierto, pero insuficiente. Obviamente que tendrás que diseñar una estrategia para mejorar tu dicción, tu velocidad de lectura, tu lenguaje no verbal, tu imagen personal y un sinfín de cosas más, pero el modelaje te va a dar esos extras que te separarán de tu competencia, te hará llegar más rápido al objetivo y mantendrá tu motivación más alta cuando comiences a flaquear, porque tendrás delante de ti una referencia a la que seguir. Fíjate en los ciclistas que pedalean tras el primero del pelotón: aprovechan su estela, sus movimientos, sus decisiones y su aerodinámica, reduciendo así gran parte de su esfuerzo físico y mental.

Solo modelar no será suficiente, pero es un complemento extraordinario a tus capacidades de aprendizaje.

Modelar personas de éxito requiere de mucha atención a los detalles, saber leer el lenguaje no verbal, descubrir los hábitos y rutinas diarias que siguen, tener una buena capacidad de escucha, realizar un testeo constante de nuestro método, observar cómo alcanza los objetivos la persona modelada, encontrar qué le hace diferente del resto...

Por «persona de éxito» puedes entender desde tu pareja, cualquiera de tus padres, tu jefe (si tienes suerte), a algún magnate famoso o un líder espiritual. Tú defines el «éxito» según los criterios de tu mapa mental.

¿Te has parado a pensar alguna vez por qué los niños aprenden tan rápido cuando son pequeños? Ellos no se plantean qué tienen que crear para lograr sus objetivos; simplemente observan, copian y ejecutan, observan, copian y ejecutan. Quédate con ello: observar, copiar y ejecutar. Es sencillo, ¿verdad? Pues, sinceramente, en algún punto nos perdimos nosotros.

Una tarde de verano, hablando con un empresario muy exitoso en todos los negocios que emprendía, me confesó: «David, yo no invento nada, no creo nada. Simplemente voy a un país, observo algo que se está haciendo bien y lo replico tal cual en otro país donde aún no existe ese negocio». Así de simple. Observa, copia y ejecuta.

Con esta herramienta no estoy desdeñando en absoluto el poder, la energía y la gloria de la creatividad, ni mucho menos. Créeme que dos décadas en la industria creativa me hacen un firme defensor de la misma como medio de expresión, crecimiento y avance social. Pero hay que saber leer dónde estamos, dónde queremos llegar y, como dijo Newton, si podemos «subirnos a hombros de algún gigante» que nos reduzca parte del esfuerzo para, desde ahí, realizar nuestra propuesta de valor.

29. UNA Y OTRA VEZ

*«Incluso la montaña más grande
parece más pequeña con un paso cada día».*
PROVERBIO

Como cada tarde a las cinco, Julio se acercaba a la pared beige de la entrada y golpeaba rítmicamente su cabeza durante diez segundos contra la misma. Volvía a su silla y permanecía sentado, absorto, mirando por la ventana con cara de satisfacción mientras esbozaba una ligera sonrisa. Al cabo de dos años, María se acercó a preguntarle: «Julio, ¿puedes explicarme por qué motivo golpeas tu cabeza contra la misma pared todos los días?». Julio, con cara de responder a una pregunta obvia, replicó: «me golpeo por la agradable sensación que encuentro cuando dejo de hacerlo».

Los hábitos. Unos, tan profundamente arraigados que no somos conscientes de que están ahí y, lo que es peor, de las consecuencias que están generando en nuestra vida, nuestras relaciones, e incluso en nuestra salud. Otros, superficiales pero tan pegajosos y difíciles de quitar como un chicle en la suela del zapato en verano. Y, por último, los súper-hábitos, de los que te voy a hablar: sencillos, concretos y alcanzables en un corto plazo de tiempo, con unos beneficios y resultados estupendos.

Quizá te preguntes por qué no vamos a meternos con tus hábitos negativos arraigados o con tus «hábitos-chicle». La razón es una estadística poco favorable que dice que aproximadamente al 70% de la población le gustaría cambiar algún hábito de su vida y que de estos solo entre un 5 y un 15% acaba lográndolo.

Por este motivo, en vez de pelear con tu pasado rascando chicles con espátulas, prefiero que nos hagamos amigos de tu presente y diseñar nuevos hábitos que te empoderen de aquí en adelante.

Pero antes de entrar en detalles y ponernos en marcha, quiero mostrarte algunas curiosidades del cerebro para que puedas ver qué hay detrás de un hábito.

Según los científicos, el cerebro está constantemente intentando ahorrar energía en sus procesos. Hazte a la idea de que tu cerebro consume la quinta parte de toda la energía disponible, y solo él pesa un 2% del peso total de tu cuerpo. De este modo, puedes imaginar lo barato que sale tener hábitos para el cerebro: procesos automáticos y rutinarios que exigen mucha menos energía que hacer algo nuevo, aprender algo o movernos en áreas desconocidas que reclamen mayor atención.

Imagino que comprenderás por qué estamos predispuestos a mantenernos en una zona de confort constante: supervivencia, mal entendida pero supervivencia al fin y al cabo. Y digo mal entendida porque en las sociedades modernas tenemos las necesidades básicas cubiertas: alimento, cobijo, salud, seguridad, relaciones... De modo que esta es una de las muchas herencias cerebrales que portamos con nosotros y que tenemos que aprender a gestionar y superar.

Permíteme el pequeño ejemplo de María y sus hábitos alimenticios que contienen azúcar. Con ellos alcanza placer y una recompensa casi inmediata. Me explico. Cuando María consume azúcar, el «núcleo accumbens» (centro donde el cerebro registra el placer) recibe una señal de la dopamina, a través de la cual ella experimentará el mencionado placer.

El problema no viene de su consumo puntual de un donut de chocolate, sino de una exposición prolongada al estímulo del azúcar, es decir, del hábito de comer todas las tardes su donut de chocolate. Cuando este, el hábito, se va creando, la señal de placer se va debilitando, de modo que María tiene que consumir más cantidad para obtener cada vez el mismo placer. Es decir, un donut ya no es suficiente.

Cuando este hábito de María se convierte en un proceso automático e inconsciente, el cerebro, al tratar de ser eficiente (ahorrar energía, ¿recuerdas?) solo realizará el proceso que le resulte más fácil y familiar, es decir, añadir más cantidad de aquello que genera placer, azúcar en este caso.

Si María se encontrara además en un estado triste o deprimido, tendría una menor actividad de dopamina en el núcleo accumbens, lo que significaría que no estaría experimentando tanto placer como desearía. Ahora es fácil para ti completar la ecuación. ¿Imaginas con qué va a cubrir María su necesidad de placer si no hace nada por controlar un cerebro programado para ser eficaz (ahorro de energía)? ¡Bingo! Recompensas de dopamina generadas con hábitos que dan placer inmediato; en nuestro ejemplo, y como diría la cantante cubana Celia Cruz, «¡asúuuuuuuuca!».

Las consecuencias posteriores a un hábito de este estilo puedes imaginarlas.

Pero mi objetivo no es ponernos técnicos o comprender hasta el último esquema de funcionamiento de nuestro cerebro, sino animarte para que te pongas en acción, porque de nada vale conocer los caminos que conducen a nuestra excelencia si no nos calzamos las botas y emprendemos el rumbo hacia ella.

En los tres próximos capítulos del libro: «Feria de pueblo», «Treinta segundos» y «SAR», vas a encontrar diferentes propuestas para ser trabajadas como hábitos. Son tremendamente sencillos, no tienen misterio alguno y son más o menos cotidianos.

Todos ellos, además de haberlos probado personalmente (¡aun me acompañan!), se los he recomendado a clientes que me han confirmado su tremenda efectividad y beneficios. Además he podido contrastar en otras fuentes cómo muchas personas de reconocido éxito afirman tener al menos uno de estos hábitos en sus vidas, de modo que la dificultad no vendrá dada por las propuestas en sí, sino por su repetición diaria, consciente y entregada por tu parte.

¡Vamos a por ellos!

30. FERIA DE PUEBLO

*«A decir verdad, sobran todos los maestros del mundo:
cada cual es ya un cosmos entero de conocimiento y
sabiduría».*
Pablo D'Ors

Al hablar con personas ajenas a esta práctica, es habitual ver cómo se les tuerce el gesto de la cara o muestran algún tipo de rechazo. De hecho, es muy probable que mientras lees esto se te pase por la cabeza querer escapar hacia el siguiente capítulo. Nada mejor para curar estos prejuicios que desmitificar la meditación.

Empecemos por lo que no es meditar.

Meditar no es concentración (aunque su práctica te ayudará a concentrarte mejor), una práctica religiosa (aunque algunas religiones tengan prácticas meditativas), una posición de piernas en forma de loto (aunque determinadas posturas la facilitan), para adultos o gente mayor (aunque a medida que crecemos nos podamos sentir más atraídos por ella), pérdida de conciencia (aunque puedas encontrar momentos con algún estado alterado o cierta epifanía), dejar la mente en blanco (aunque se genere un estado de plena presencia), un modo de huir de la realidad (aunque haya quienes lo utilicen para no responsabilizarse de su vida), estar durante horas sentado (aunque a medida que practicas quizá quieras permanecer más tiempo), madrugar (aunque incorporarlo a primera hora de la mañana facilita su práctica), dedicar muchos años para obtener beneficios (aunque a medida que practicas los beneficios sigan creciendo)...

No sé si te he aclarado o te he liado un poco más. En cualquier caso, espero haberte generado el beneficio de la duda hacia la meditación. Por favor, acompáñame un poco más.

Entonces, ¿qué es meditar? Una vez deshechos los mitos y siendo tremendamente directo y claro contigo, podría resumir la meditación como un encuentro sereno contigo, en una postura cómoda, en silencio, normalmente con los ojos cerrados, sin intención, sin objetivo y sin juicio, sencillamente en un estado de presencia absoluta en el momento en el que eliges meditar, dejando a un lado el pasado o el futuro.

Los pensamientos estarán presentes, ¡claro!, pero no te engancharás con ninguno desarrollándolo, sencillamente lo observarás como puedes observar una hoja flotando en la corriente del río: la ves hasta donde alcanza tu vista pero no la persigues corriendo tras ella. Aparece otra hoja flotando y la dejas pasar, sin analizar, sin juzgar, sin pensar de qué árbol es o por qué ha caído al río, o por qué flota, o si es hoja perenne o caduca... simplemente observas. Olvídate del mito de dejar la mente en blanco; no hay cosa que haya hecho más daño a aquellos que han querido iniciarse en la meditación que esta intención propia de un detergente.

Vayamos entonces con un método para que puedas empezar a meditar.

Elige una postura cómoda. Puede ser sentándote en una silla, en el sofá, en un sillón o en la cama. Evita tumbarte; es muy probable que puedas dormirte en el proceso.

Cierra los ojos. El sentido de la vista recoge muchísima información, de modo que cerrar estas ventanas eliminará muchos estímulos e información externos. Ya tendremos bastante con gestionar los internos.

Toma varias respiraciones profundas. Respira solo por la nariz, expulsando el aire mucho más despacio de lo que lo inhalas. La respiración actúa sobre el sistema nervioso central y el autónomo, siendo una herramienta muy poderosa para la regulación emocional. Y, ahora, simplemente observa. No tienes que hacer nada. Solo observa desde ahí.

Al principio es normal que tu cabeza estalle como una feria de pueblo: el tendero gritando, el olor a aceite de los churros, los coches de choque y su sirena, la música de fondo, los niños corriendo con el algodón de azúcar en la mano... créeme, es absolutamente normal. Digamos que es el pequeño precio a pagar por no haber entrado nunca a poner orden en la habitación de tu mente. Con el tiempo, la feria del pueblo se irá convirtiendo en un paseo por la montaña, con cantos de pájaros, el sonido del arroyo, el olor a hierba fresca y los rayos del sol filtrándose entre las ramas de los árboles, acariciando tu rostro. Pero esto sucederá a medida que vayas instalando el hábito en tu vida, poco a poco.

Hay muchos métodos para incorporar la meditación. Yo te propongo uno muy sencillo, amable y progresivo. Se trata del método del minuto. Me explico. Comienzas por meditar el primer día durante un minuto. Sí, me has leído bien, exactamente un minuto. Ponte una alarma, una aplicación en el móvil con una campanita o algún sonido agradable que te devuelva amablemente a la «realidad» al cabo del minuto. ¿Cómo avanzamos? Puedes mantener este minuto durante una semana, es decir, durante la primera semana meditarás un solo minuto cada día. O puedes hacer los incrementos diarios subiendo cada día un minuto más. El primer día un minuto, el segundo dos minutos, el tercero tres... y el día treinta, treinta minutos. O si lo prefieres hacer por semanas, seguiríamos el mismo sistema: primera semana un minuto cada día, segunda semana dos minutos cada día, tercera tres minutos cada día... y la semana treinta, treinta minutos cada día.

Algunas ideas a tener en cuenta que te ayudarán a incorporar esta rutina siempre que te sea posible: medita cada día en el mismo lugar, a la misma hora y en la misma postura. Si te sirve mi experiencia, es lo primero que hago cada mañana nada más levantarme. Comienzo el día habiéndome dedicado este tiempo, después ya puede arder Troya o entrar el Vesubio en erupción, que yo ya hice algo por mí. Primero tú, después el mundo. Si tú estás bien podrás apagar incendios o ayudar a quien te necesite, pero es importante que te priorices para poder dar lo mejor de ti allí donde estés o con quien estés.

«Pero David, ¿por qué tengo que meditar?». Pues, honestamente, no tienes por qué, esto es solo una invitación, un cheque en blanco extendido a tu nombre, un camino que se abre de par en par ante ti y tú decides si te llama, si te apetece y si quieres descubrir qué puede haber detrás de esta puerta aguardando. Hay muchísima literatura científica en torno a los beneficios de la meditación. Ya sabes que soy muy claro y directo y que intento ahorrarte horas de vuelo, pero algunas cosas muy resumidas que leerás por ahí son: reducción del estrés, aumento de la sensación de bienestar, mejora de la empatía, y en consecuencia del modo de relacionarte, ayuda en la concentración, favorecer la creatividad, mejorar la memoria, ayudar en la toma de decisiones, reducir la impulsividad, mejorar la salud cardiovascular, favorecer al sistema inmunitario, reducir las sensaciones de dolor físico y emocional... Ahora sí, ¿verdad? ¿Comenzamos?

31. TREINTA SEGUNDOS

«Corta tu propia madera y te calentará dos veces».
HENRY FORD

El pueblo espartano fue conocido en la antigua Grecia como una de las ciudades-estado mejor preparadas para la guerra; de hecho se le consideró el territorio con mayor potencial militar de todo el Imperio heleno. Asimismo, fue una de las ciudades que persistió con vida durante más tiempo una vez que los romanos invadieron Grecia. Seguramente habrás visto recreaciones de su entereza, preparación y predisposición física y mental en la película *300* de Zack Snyder.

Los espartanos se solían levantar temprano de sus camas de madera, realizaban dos horas de ejercicio y después tomaban un baño de agua fría. Pensaban que el agua caliente era para los débiles y que la fría condicionaba sus mentes y cuerpos para ser fuertes, vigorosos y estar siempre preparados para la batalla. De hecho, las primeras duchas con sistemas de calentamiento de agua fueron desarrolladas por la sociedad ateniense, y se especula que «lujos» como esos fueron los que favorecieron la caída de esa sociedad y en consecuencia de sus ejércitos.

Por su parte, entre los muchos rituales que realizaban los samuráis, uno de los ejércitos más admirables de la Historia, se encontraban los *«misogi»* (purificación). Estos consistían en permanecer sentados y medio desnudos bajo una catarata de agua fría con el objetivo de purificar su alma, fortalecer su espíritu y dominar su mente.

Para tu tranquilidad te anticipo que no hace falta convertirnos en espartanos ni samuráis, ni permanecer durante mucho tiempo debajo del agua helada, aunque personalmente pienso que no nos vendría nada mal retomar algunas enseñanzas de estos pueblos en la actualidad. Aún así, verás que la rutina que te propongo es más amable que todo esto, no te preocupes.

El hábito que quiero sugerirte es muy sencillo. De nuevo, la dificultad va a depender de tu capacidad para sostenerlo cada día, en cada ducha.

Como puedes imaginar, se trata de terminar tus duchas con agua fría, todo lo fría que permita el grifo. Nada de agua caliente, nada de compensar, nada de ir cambiando la temperatura poco a poco y nada de contrastes frío-calor. Cuando sientas que terminaste de asearte y quieras salir, cierra el agua caliente y pon al máximo la fría, «apuesta todo al azul» y al máximo. Deja que el agua fría entre en contacto con todo tu cuerpo y lo recorra durante treinta segundos. Obvio decirte que este hábito no es solo para los meses de verano, sino un ejercicio que trabaja sobre cuerpo y mente durante todo el año.

Reconozco que al principio es duro. Bueno, en realidad siempre es duro. Pero sinceramente, ¿no son las circunstancias extremas las que mejor nos preparan para la vida? ¿Qué suponen treinta segundos de incomodidad en forma de agua fría cada día? Recuerda que las cosas pequeñas, concretas, alcanzables y a corto plazo, posibilitan grandes cambios en el futuro inmediato.

Supongo que solo de imaginarlo se te quitan las ganas siquiera de intentarlo y más aún si estás leyendo estas líneas en invierno. Te entiendo. Y como gran parte de las cosas en la vida se quedan en meras ideas hasta que las pruebas y las haces realidad. ¿O es que el amargor de la primera cerveza te encantó?

El agua fría ayuda, te conecta con una parte «guerrera» de ti, con una mentalidad de poder, de valor y de capacidades latentes. Te centra en el momento presente y en saberte capaz de mucho más de lo que crees que eres. Si no prueba a hacerlo el día que tienes esa entrevista, esa cita o esa presentación en público... Ya verás con qué disposición mental y emocional sales de la ducha. Recuerda que no necesitas más de treinta segundos.

Vamos con un poco de ciencia, a ver si termino de adornarte esta propuesta para que la pruebes y la conviertas en uno de tus hábitos. Esta práctica diaria mejora el sistema digestivo, aumenta las defensas del organismo y la producción de glóbulos blancos. Tonifica la musculatura (al aumentar la circulación sanguínea), y algunos experimentos científicos dicen que ayuda a enfrentar mejor las enfermedades como el asma, la gripe y los resfriados. En definitiva, tu cerebro está recibiendo una orden de alerta, por lo que pone en funcionamiento sistemas de supervivencia estimulando la secreción de ciertos neurotransmisores como la noradrenalina. Esta es la encargada de mantener la atención, la vigilia y la consciencia, de influir en el sistema cardiovascular, de afectar los estados de motivación y regular estados anímicos. Además, posee un fuerte vínculo con el estrés, la agresividad y el placer sexual.

Por si fuera poco, la exposición al agua fría estimula el nervio vago, el nervio craneal más largo de tu cuerpo, que conecta el cerebro con muchos órganos importantes como los intestinos, los pulmones, el estómago o el corazón entre otros.

Acompáñame a Holanda un momento.

Invitaron a un grupo de holandeses a que terminaran sus duchas con al menos treinta segundos de agua fría durante treinta días consecutivos. Al finalizar el estudio se les preguntó cómo evaluarían su salud tras el ejercicio. ¡Adivina! Todo el grupo reconoció una mejora media del 29% durante los noventa días siguientes a la adopción de este hábito.

Si los resultados científicos o el experimento holandés no te convencen del todo para incorporar los treinta segundos de frío a tus duchas, en mi caso particular te diré que además de los aspectos citados, durante estos últimos años de agua fría diaria reconozco una mejora general de mi salud, una mejora de la calidad de la piel, una mejor recuperación muscular y articular de los entrenamientos deportivos, una mejor disposición emocional y mental, y sin duda una pereza enorme cada vez que lo hago, pero las sensaciones y mi actitud después de esos treinta segundos son tan valiosos que tengo claro que este hábito llegó a mi vida para quedarse.

Para cerrar esta propuesta, casi como una obligación, tengo que prevenirte de que esta práctica no está recomendada para personas que sufran de epilepsia o problemas de corazón. Si en tu caso no sufres de ninguna afección, no dejes de escucharte, de escuchar tu cuerpo y tus sensaciones, aprende a distinguir el miedo o la pereza de enfrentarte a este hábito de una verdadera señal interior que te dice que «hoy no es el día» y actúa en consecuencia. No tienes que demostrar nada, solo se trata de cuidarte mejor.

32. SAR

«Soy un cerebro, Watson.
El resto de mí es un mero apéndice».
Sherlock Holmes

En este momento, tu cerebro está gestionando aproximadamente una cantidad de información equivalente a cuatrocientos billones de bytes por segundo. Pero de todos esos bytes solo «nos damos cuenta» de dos mil de ellos. Has leído bien: dos mil.

Espera, que lo voy a poner con números que queda mucho más claro. Esta es toda la capacidad aproximada de tu cerebro: 400.000.000.000.000 bytes por segundo. Y esta, 2.000 bytes por segundo, es la información que se hace finalmente consciente.

Imagino que se te abren mil interrogantes acerca de qué ocurre con el resto de información, pero no vamos a resolverlos aquí. Lo que vamos a hacer es que parte de esa inmensa cifra trabaje a tu favor. Pero antes tengo que hablarte del Sistema de Activación Reticular, SAR para los amigos. Confía en mí, no me liaré mucho con tecnicismos, solo lo justo para que puedas creer en el ejercicio que te voy a proponer sin tacharme de loco.

El SAR es un sistema que involucra áreas como el mesencéfalo, el tálamo, el hipotálamo y la formación reticular entre otras. Sus funciones son variadas. Entre ellas, contribuye al control del sueño, la consciencia y los estados de vigilia. Tiene la capacidad de enfocar la atención, y sobre todo filtra las partes de información que van a ser útiles para nosotros. Podemos afirmar que «hace visible» a nuestro consciente aquella información que es relevante y nos previene del resto, que considera *a priori* innecesaria.

Digamos vulgarmente que es un filtro.

Imagina ahora que estás comiendo con un grupo de amigos en un restaurante que tiene todas las mesas ocupadas; suena música de fondo y os rodea una gran cristalera donde se puede ver la calle y lo que ocurre en ella. Detengamos ahí la escena por un segundo. Analiza conmigo las fuentes de estímulos: la información de los platos de la carta, el camarero preguntando por las bebidas, la conversación de tus amigos, la canción del verano sonando, el bebé llorando en la mesa del fondo, el anillo de compromiso de tu amiga, la ambulancia pasando por la calle, unos niños mirando a través del cristal de la fachada, el delicioso olor que viene de la cocina, el murmullo generalizado de la sala... Ya van apareciendo los cuatrocientos billones de bytes... ¿A que ahora agradeces tener el SAR? Lo imaginaba, yo también.

El caso es que existe una herramienta llamada afirmación. Una afirmación no es otra cosa que una declaración verbal o escrita de algo. Aseguro algo, me afirmo en ello y lo doy por cierto. Cuando enfocas una afirmación en el pasado desde tu experiencia, te resultará sencillo, habitual y hasta cierto punto mecánico. Por ejemplo, afirmas que «eres» médico porque ahora, en tu presente, es una certeza, una suma de sucesos probados, un hecho fruto de tus acciones pasadas (estudiar, hacer prácticas, conseguir un empleo, trabajar...)

Pero, ¿qué ocurre cuando te afirmas en algo que aún no ha sucedido, donde aún no tienes la experiencia física de ello, y mucho menos alguna certeza real de que vaya a ser así? Aquí comienza el juego que te voy a proponer.

Se trata de que construyas una afirmación y te obsesiones con ella. Según la Real Academia de la Lengua, «obsesión» proviene del latín *«obsessĭo»* que significa «asedio» (presionar insistentemente a alguien). En este caso vamos a repetir insistentemente nuestra afirmación, asediando de este modo a nuestro cerebro y haciéndole ver que esta información es relevante, es importante y necesita estar muy presente por encima de esos cuatro billones de bytes procesados.

Mi recomendación es que la hagas tremendamente específica, todo cuanto puedas. Redacta de modo positivo, afirma lo que deseas, no de lo que te quieres deshacer. Tu cerebro no distingue el «no». De modo que si le dijeras «no quiero ser tan cobarde», el concepto que le llega repetidamente es: «cobarde». No te digo lo que vas a lograr porque ya te lo imaginas. Lo ideal sería algo así como: «soy valiente», «me relaciono con valentía», «yo afronto los desafíos con valentía» o «yo vivo con valentía». Apóyate también para redactarla y definirla en el capítulo titulado «Lápiz y papel».

Cuando tengas la afirmación, hay dos momentos del día que son cruciales para repetirla mentalmente, escribirla o verbalizarla tantas veces como sientas, pero sin convertirlo en un automatismo donde ya no sepas qué estás haciendo. Esos dos momentos son tan pronto como te despiertes y unos momentos antes de dormirte. Ahí, tu cerebro se encuentra en una frecuencia donde la asimilación de información es más sencilla y directa.

Imagino que vas viendo cómo se conectan los puntos. Si de toda la información que procesa tu cerebro cada día, lo asedias con un aspecto concreto que quieres alcanzar, tu SAR filtrará toda la información que tiene que ver con ello haciéndolo relevante. ¿Has observado que cuando estabas valorando comprarte ese coche de repente empezabas a verlo por todas partes? ¿Te has dado cuenta de que muchas embarazadas durante su embarazo empiezan a ver muchas mujeres en su mismo estado? Y cuando decidiste viajar a ese país exótico, ¿de repente no empezaste a ver cosas relacionadas con él sin buscarlo voluntariamente? Es de nuevo el SAR en acción, lo único es que no lo habías programado conscientemente.

Tu cerebro, como el mío, está diseñado para cambiar y reorganizarse de acuerdo a tus experiencias. Lo que piensas, lo que sientes y lo que deseas de forma repetida (insisto, de forma repetida) reestructura tu cerebro. Los científicos lo llaman neuroplasticidad dependiente de la experiencia. Es por ello que te animo a crear tus experiencias a través de afirmarte en aquello que quieres alcanzar, emocionándote en el proceso y distinguiendo las emociones positivas que provoques.

Por último, quiero que tengas presente que esta no es la lámpara de Aladino; también has de poner algo más de tu parte. Entiende este ejercicio como esa ayuda extra que te acompañará a alcanzar ese sueño u objetivo. Digamos que vamos a ajustar las velas de nuestro barco para ponernos a favor de los vientos de la vida. Estamos añadiendo posibilidades, facilitando el proceso, incorporando a la ecuación el aliado que llevamos sobre los hombros: nuestro cerebro.

33. AL OTRO LADO

*«La mente, una vez iluminada,
no puede volver de nuevo a la oscuridad».*
Thomas Paine

Antes de iniciar los tres próximos capítulos, me gustaría prevenirte en dos sentidos.

Por una parte, si crees ser una persona de ciencia («si no lo veo, no lo creo»), las propuestas que vienen a continuación quizá sean para ti un viaje de ciencia ficción, o muy probablemente te sientas como una persona de la edad media sosteniendo un teléfono móvil. Con esto no quiero decir que no sea real lo que voy a compartir contigo; quiere decir que hay cosas que la ciencia aún no ha podido explicar, o sus explicaciones solo llegan a cubrir una pequeña parte del espectro de la experiencia.

Como me dijo mi profesora de Derecho Mercantil en la facultad: «las leyes van retrasadas respecto a los acontecimientos y la realidad que vivimos». Se van articulando según acontecen las situaciones, por lo que en muchas ocasiones, cuando los hechos ya son una realidad de facto no hay ley para enjuiciar hasta que se legisla en ese sentido. Con la ciencia ocurre lo mismo. Hay muchísimas cosas a las que no podemos darles una explicación aún, pero no por ello deberíamos negarlas o negar la experiencia de las mismas. El hecho de cerrarnos en banda o negar algo con rotundidad por no ser capaces de explicarlo está mostrando una faceta nuestra relacionada con un miedo atroz hacia aquello que no podemos «controlar», aunque efectivamente puede estar ahí.

Este es uno de los motivos por los cuales las personas extremadamente científicas llevan una pésima gestión emocional de sus relaciones. ¿Dónde están los sentimientos? ¿Cómo se pueden ver en un microscopio? ¿Cómo puedo envasar la alegría? ¿Cómo puedo controlar lo incontrolable? Mejor no prestarle atención, negarlo o mirar hacia otro lado.

Si te consideras una persona muy cartesiana, te animo a leer lo que viene a continuación igual que si leyeras a Julio Verne en cualquiera de sus alocadas propuestas de finales del siglo XIX hablando de submarinos o helicópteros. Yo te voy a hablar de los estados alterados de conciencia.

¿Y qué son estos estados alterados de la conciencia? Pues nada más y nada menos que una salida de los estados de vigilia atenta, donde el cerebro se halla en una frecuencia beta. Básicamente se trata de modificar los estados mentales con carácter temporal, alejándonos de los estados cotidianos (sueño-vigilia) con el objeto de alterar nuestra percepción de la realidad y con ello ampliar nuestra concepción del mundo que nos rodea.

La segunda observación que deseo compartir contigo tiene que ver con el caso opuesto.

Si eres una persona de profunda fe («creo todo, aunque no lo vea») también hay otra nota de atención para ti antes de profundizar en las propuestas. Esta llamada de atención tiene que ver con lo que el doctor Charles Whitfield denominó, allá por los años ochenta, *«bypass* espiritual».

Este término define el uso de experiencias espirituales, creencias o prácticas con el objeto de evitar enfrentarnos a asuntos psicológicos u otros aspectos no resueltos a nivel personal o emocional. Fíjate que la propia definición de *bypass*, «desvío hecho en un circuito o una vía de comunicación para salvar una interrupción o un obstáculo», ya nos orienta con claridad hacia lo que hace referencia su analogía espiritual.

Es decir, que tomo este tipo de prácticas para no asumir la responsabilidad de mi vida y enfrentar las circunstancias que en ella se presentan, y así vivo en una especie de limbo aséptico donde creo que nada me afecta y las cosas tienden a resolverse por arte de magia o por fuerzas ajenas a mí.

La parte más delicada, según mi experiencia, es que las personas que viven en este *bypass* tienden a ser bastante radicales en lo que se refiere a sus creencias, afirmándose en que los asuntos «humanos» no son importantes, y negando sus conflictos y problemas cotidianos.

De modo que las propuestas de los próximos capítulos son simplemente eso, propuestas para acercarte, descubrirte o ampliar tu mirada hacia lo que normalmente no se ve. Queda en ti la decisión de qué hacer con ello y desde aquí me eximo de cualquier tipo de responsabilidad por el uso que le des a la información que voy a compartir contigo.

Y un último punto importante. Quiero prevenirte de dos elementos a cuidar antes de acercarte a experimentar otras realidades o estados de conciencia. Uno de ellos es tu disposición personal. Cómo te encuentras psicológicamente, cómo te sientes emocionalmente, qué momento de tu vida estás viviendo. ¿Te encuentras en paz o tienes situaciones pendientes de atender que roban parte de tus pensamientos diarios? Es fundamental localizar el mejor momento o prepararte para él, minimizando así los posibles riesgos de estas prácticas.

Otro aspecto a destacar es el entorno en el que se desarrolla la práctica. Y por entorno entiendo, no solo el lugar que eliges, sino las personas de las que te rodeas, la intención del grupo, la intención del retiro o del formato en el que decidas involucrarte. Esta parte es la más difícil de controlar, por lo que te sugiero que pongas todas tus energías en el punto anterior y te relajes en lo que no puedas gestionar de este.

Recuerda: cuida los aspectos internos y los externos antes de lanzarte a probar cualquier práctica de estados alterados de conciencia y sé paciente hasta encontrar el estado óptimo que facilite una grata experiencia.

Los tres próximos capítulos, «Grof», «Monroe» y «Amazonas», hacen referencia a tres de las muchas herramientas que existen para explorar estos estados. Quiero anticiparte que en mi caso en ningún momento el enfoque de mi experiencia fue recreativo, ni mucho menos. Mi intención con estas prácticas siempre ha sido la búsqueda interior, la apertura de conciencia y el intento de ir rellenando las lagunas de ansiedad existencial que me acompañan.

Sentadas estas premisas y creado este marco explicativo, exploremos algunos estados alterados de conciencia...

34. GROF

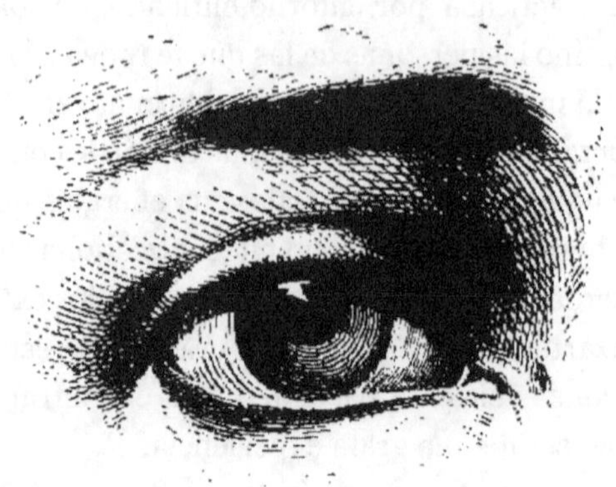

«Todo hombre puede ser, si se lo propone, escultor de su propio cerebro».
Santiago Ramón y Cajal

No sabría decirte con exactitud qué día de la semana corría. Llevaba ya varios en uno de mis retiros y las experiencias vividas me alejaban cada vez más del tiempo material. Era temprano, salía de la sesión matutina de meditación de treinta minutos y me dirigía, en riguroso silencio, junto a los compañeros, a la sala de la planta superior. Chispeaba. La humedad del ambiente hacía que el aire respirado, con aroma a encina y tierra mojada, fuera todo un baño para los sentidos.

Ya en la sala, nos sentamos cada uno en una colchoneta mullida, con una pequeña almohada y una fina manta de algodón. Se nos repartió un antifaz para eliminar la luz, la tentación de abrir los ojos y favorecer la sensación de aislamiento. No sabía qué iba a hacer y no sabía qué iba a pasar. Lo único que sabía es que llevaba cinco días transitando de experiencia en experiencia, escudriñando hasta donde permitía mi valor los límites de mi conciencia.

La única consigna que recibí me dejó un tanto descolocado respecto a mis expectativas: «respira». «Túmbate sobre tu espalda y respira rápido». «No pares, sigue y cuando llegues sabrás que has llegado». «¿Que no pare?». «Cuando llegue, ¿dónde?». «¿Que respire rápido?». «¿Peroooo...?». Puedes imaginar mi desconcierto y asombro. En fin, no tenía nada que perder más que el propio miedo a hiperventilar durante bastante tiempo.

Atrás quedaron casi dos horas de viaje interior, de respiración, risas y lágrimas, sudor, rabia y placer, conexión, recuerdo y renacimiento, de expansión de conciencia, frío y calor, reencuentro, visiones, de escuchar a mis compañeros, aislarme, flotar, de no querer volver de aquel viaje... en definitiva, de respirar como nunca antes lo había hecho. Terminamos y enlazamos con cinco horas de silencio pactado, de introspección, de dejar que se asentaran las aguas que habíamos revuelto para volver a ver el fondo con claridad, con mucha más claridad.

¿Te has parado a pensar que podemos pasar muchos días sin comer o beber nada pero que, sin respirar, no pasaríamos de unos minutos con vida? La respiración, si me lo permites, es una forma de «alimento» con la que además podemos inducir cambios a niveles profundos de conciencia.

La propuesta concreta de la respiración que te he comentado consiste en hiperventilar (inspiraciones y espiraciones rápidas) añadiendo movimiento al diafragma. Me explico. Muy básicamente se trata de acelerar el ritmo respiratorio a dos respiraciones por segundo (aproximadamente) apoyado con el movimiento del plexo solar. La encontrarás bajo el nombre de «respiración holotrópica», que es una técnica psicoterapéutica desarrollada por los psiquiatras Stanislav Grof y Cristina Grof. Esta técnica permite el acceso a estados no ordinarios de conciencia, alcanzar una mayor autocomprensión y facilita el acceso a las raíces de los problemas emocionales y psicosomáticos, pero no desde una perspectiva racional, sino accediendo directamente a cierta liberación de los «nudos del pasado».

Parece que el origen de las propuestas modernas en torno a esta rápida respiración están basadas en la *kapalabhati*, una de las técnicas de control de la energía procedente de las respiraciones que propone el yoga (*pranayama*). La traducción de *kapalabhati* –también llamada «respiración de fuego»– vendría a ser algo como la suma de «cráneo» más «luz». Para entendernos, una «limpieza del cerebro» o un aporte de claridad al mismo.

Lo que voy a compartir contigo a continuación es una práctica más suave, más cotidiana y que no requiere supervisión. Además, tiene beneficios directos en un plano más físico. Para realizar con seguridad esta respiración asegúrate de respetar las cuestiones que te detallo a continuación: no la practiques después de haber comido. Si lo haces de noche, has de saber que puede alterar el sueño. No la practiques si padeces hipertensión. No la practiques si padeces enfermedades del corazón. No la practiques si padeces vértigo. No la practiques si padeces úlceras o hernias. No la practiques durante el embarazo o en periodos de menstruación. No la practiques si padeces afecciones pulmonares declaradas o enfisemas. No la practiques si padeces problemas en los órganos abdominales.

Ahora sí, una vez prevenidos, ¡vamos con la técnica!

Permanece en una posición sentada, dado que si te produce algo de mareo estarás en una posición sin riesgo alguno, y toma unas respiraciones previas profundas, observando cómo se expande y contrae el diafragma. Puedes mantener los ojos cerrados si lo deseas. Durante todo el ejercicio, pon más atención en la exhalación y el movimiento con el que el diafragma empuja los pulmones hacia arriba y el abdomen empuja hacia la columna. De este modo, el movimiento ascendente y descendente del diafragma facilitará que el aire vaya entrando y saliendo. Es decir, presiona los músculos abdominales para expulsar el aire y la inhalación se producirá naturalmente al bajar el diafragma; de ahí que tu atención se tenga que centrar en la exhalación.

Comienza haciendo un par de series de diez respiraciones por la nariz manteniendo la boca cerrada (recuerda que la inhalación se produce naturalmente). El ritmo debería ser de dos exhalaciones por segundo aproximadamente. Entre serie y serie finaliza con una inspiración profunda y retén durante unos segundos antes de expulsar suavemente el aire. Al cabo de unos días de práctica regular, ve incrementando las series hasta cinco o seis. Después de unas semanas, mantén las series y aumenta las repeticiones hasta veinte o treinta, respetándote siempre en el proceso.

Con la práctica de *kapalabhati* el cerebro se llena literalmente de sangre rica en oxígeno, favoreciendo la claridad de pensamiento y la renovación de los tejidos corporales, fruto de la limpieza de los vasos sanguíneos. También se eliminan impurezas en la sangre y se mejoran los sistemas circulatorio y respiratorio. Al respirar a un ritmo acelerado se reducen las cantidades de monóxido de carbono (este impide que el oxígeno llegue al corazón). Los constantes movimientos de ascenso y descenso del diafragma estimulan el estómago, el hígado y el páncreas, entre otros órganos. Y como puedes imaginar, las cavidades nasales así como los pulmones se purifican. También es probable que sientas cierta vibración o cosquilleo en los centros nerviosos de la columna. Al convertirse esta en una especie de cable vivo, puedes llegar a sentir el flujo de la corriente nerviosa.

Espero que puedas integrar puntualmente la práctica de *kapalabhati* y sus beneficios en tu vida. Y si sientes que es el momento de ahondar en aspectos más profundos de tu conciencia, recurre entonces a la respiración holotrópica.

35. MONROE

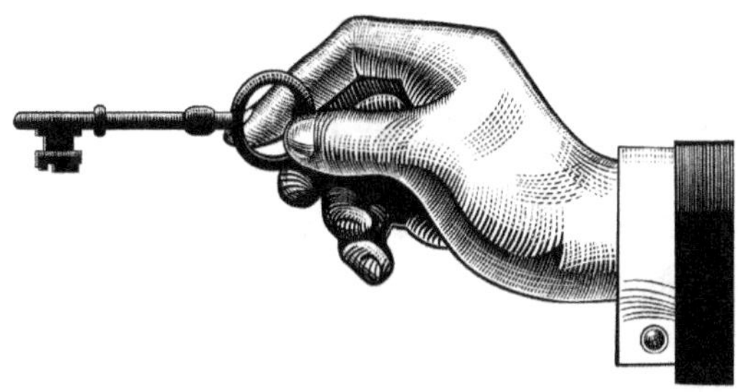

«Nuestros sentidos nos permiten percibir solo una pequeña porción del mundo exterior».
Nikola Tesla

Aquella noche el señor Monroe se acostó con normalidad después de cenar, como venía haciendo todos los días al regreso del laboratorio. Entró en el sueño con facilidad, pero no llegó a dormir profundamente. Comenzó a sentir cierta vibración, notó su cuerpo paralizado y de repente se sintió en el suelo junto a la cama. Pensó que se había caído de la misma, pero no recordaba haberse quedado dormido. Comenzó a explorar ese «suelo» hasta que encontró una cadena, la siguió y se dio cuenta de que era la cadena que sostenía la lámpara del techo. Monroe estaba flotando en su habitación. Miró hacia abajo y vio a su mujer durmiendo; para su asombro él estaba junto a ella. Se estaba viendo a sí mismo.

El miedo se apoderó de él, puesto que creía haber fallecido al verse separado de su cuerpo físico. Como pudo, se deslizó y afanó por volver a su cuerpo hasta verse de nuevo inmerso en su espacio habitual.

Con el tiempo, Robert Monroe se habituó a la experiencia y constató que no iba a morir en los sucesivos intentos. Aprendió a «salir» y volver a «entrar». Comenzó a investigar científicamente el proceso contabilizando la duración, temperatura corporal y ambiental, presión del aire, posición en la que se acostaba y todos los datos científicos a los que podía acceder allá por la década de los sesenta.

A fecha de hoy, el Instituto Monroe continúa la labor que inició su fundador para el estudio de la conciencia y sus estados expandidos a través de tecnologías relacionadas con estímulos auditivos. El instituto ha desarrollado más de sesenta mil pruebas de laboratorio con más de cinco mil participantes. Cerca de diez mil estudiantes y científicos han testado las posibilidades y explorado otras dimensiones y realidades de la conciencia humana.

En la actualidad, la neurociencia sugiere que la integración y armonización de ambos hemisferios es la clave para que una persona viva equilibrada, sea productiva y tenga una visión saludable del mundo. De hecho, se dice que un alto grado de sincronización entre los hemisferios cerebrales permite alcanzar la genialidad, entendida esta como estados expandidos de conciencia desde los cuales la realidad se percibe de manera enriquecida, permitiendo al ser humano alcanzar límites más allá de la normalidad conocida.

Creo que por el momento es lo más parecido a la sensación de «abandonar el cuerpo» que he experimentado. Entiéndeme por favor. Te lo digo desde una perspectiva y sensaciones totalmente amables. Los sonidos binaurales son otro medio más para alcanzar los llamados «estados alterados de conciencia» y en mi caso he logrado experiencias maravillosas.

Mis vivencias por el momento no han sido dignas de fuegos artificiales, pero sí merecen ser incluidas en este libro. Antes de entrar en materia y compartirlas contigo, te cuento un poco de la ciencia e historia que hay detrás de ello para favorecer una actitud más abierta en ti.

A finales del siglo XIX, el filósofo y psicólogo alemán Carl Stumpf sentó las bases de la escucha dicótica (capacidad de estimular cada oído con un sonido diferente) y de la escucha diótica (estimulación de ambos oídos con el mismo sonido). Hazte a la idea de que cuando escuchas una canción normalmente estimulas ambos oídos con el mismo sonido. Desde los estudios de Stumpf se han sucedido muchísimos experimentos científicos, tesis e hipótesis que te voy a ahorrar para ir a las partes más interesantes de esta propuesta.

Como hemos visto en otros capítulos, nuestro cerebro tiene la capacidad de alterar su frecuencia en respuesta a los estímulos ambientales, entre ellos la música y los sonidos. Me explico. El cerebro vibra entre los 0,1 Hz y los 30 Hz, pasando por diferentes frecuencias. De este modo, se ha concluido que nuestro cerebro tiene la capacidad de sincronizarse con estímulos externos acústicos o visuales, que en consecuencia inciden en nuestro estado cognitivo y emocional. Lo interesante surge cuando descubrimos el potencial que alberga nuestro cerebro más allá de beta (la frecuencia más habitual) y comenzamos a utilizarlo a nuestro favor o con ánimo exploratorio de otras «realidades».

Mi experiencia con los estímulos binaurales, herencia del trabajo de Monroe, aún no me ha permitido separarme completamente de mi cuerpo, pero sí he podido experimentar separaciones parciales (un brazo, una pierna, una mano, la cadera...) y, sobre todo y a menudo, la agradable sensación de flotación, pérdida de gravedad y desorientación física en el entorno en el que me encontraba. Es maravillosa la sensación de percibir como tu brazo o la mitad de tu cuerpo se encuentra desplazada de tu parte física, como si tuviera una entidad diferente a la habitual. Es tremendamente agradable, cómodo, suave, ligero, dúctil, único... y, como estás viendo, difícil de expresar con palabras.

¿Cómo definirías un orgasmo a alguien que quiere experimentarlo por primera vez? Está claro que facilitándole los medios para sentirlo más que intentando describir la experiencia, que siempre será incompleta. Esa es mi intención aquí.

Al principio quizá encuentres ciertas barreras mentales, en forma de miedos o creencias, que no van a permitir a tu cerebro profundizar en ondas más allá de alfa, de modo que podrías sentir cierta frustración o enfado por no ver «avances». Probablemente llegará un momento en el que puedas querer controlar la experiencia o intentar forzarla, logrando así activar más aún tu cerebro y su frecuencia. Piensa que, como en todo trabajo mental, esto es el resultado de un entrenamiento. Es la propuesta general de este libro: entrenamiento. Pocas cosas suceden por azar. Recuerda que Robert Monroe llevaba mucho tiempo explorando los sonidos binaurales antes de vivir inesperadamente las experiencias mencionadas. Relájate y concéntrate en el proceso, suelta cualquier expectativa y déjate llevar cuando emerjan los resultados.

A medida que profundices irás viendo que no hay un único camino para acceder a estos estados. Hay múltiples propuestas y todas con un único destino: tú. Se trata de encontrar el camino que más te guste y mejor te haga sentir, respetándote siempre en el proceso.

36. AMAZONAS

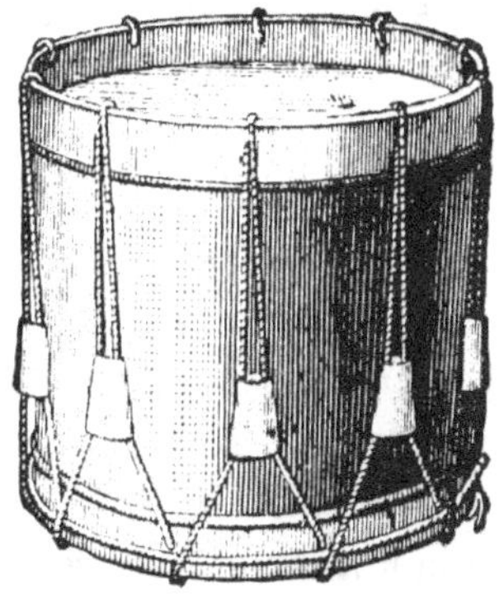

*«No debemos pretender comprender el mundo
solo por el intelecto».*
Carl G. Jung

Puedo ser lento en tomar decisiones, lo reconozco. Sobre todo cuando la decisión implica consumir una sustancia que me va a privar de parte del control de mi pensamien to y va a condicionar la respuesta química de mi organismo.

Empecé valorando el cultivo de setas alucinógenas desde casa, pero la incomodidad y su ilegalidad me fueron convenciendo para no hacerlo.

En esta búsqueda se cruzó en mi camino la ayahuasca, una bebida tradicional indígena de los pueblos amazónicos y andinos de Sudamérica. La bebida es el resultado de una decocción y mezcla de dos plantas, y la intención de su uso es «enteógeno». Permíteme bucear un poco en el significado etimológico de esta palabra; es sorprendente.

Un enteógeno es una sustancia, o un preparado de sustancias vegetales, que posee propiedades psicotrópicas, es decir, que cuando se ingiere provoca un estado modificado de conciencia. A nivel etimológico, el término «enteógeno» está formado por las palabras griegas, *éntheos* («dios dentro» o «inspirado por los dioses») y *génos* («origen, tiempo de nacimiento»). El sustantivo «*genos*» pertenece al campo semántico del verbo «*gígnomai*», que significa «llegar a ser» o «volverse». Por lo tanto, el significado etimológico de la palabra «enteógeno» hace referencia a la posibilidad de llegar a ser inspirados por un dios, así como al «nacimiento» que esto supone, entendido este nacimiento como el alumbramiento de algo o el fruto de esa inspiración.

Las diferentes culturas a lo largo de la Historia han utilizado sustancias enteógenas y psicotrópicas con el propósito de alterar deliberadamente el estado de la mente y acceder a esos rincones ocultos de los que venimos hablando.

Los riesgos que se asumen con la ayahuasca creo que son bastante asequibles frente a los posibles beneficios asociados a su consumo. Entre sus efectos secundarios potenciales se encuentran: vómitos y/o náuseas (los dos más habituales), diarrea, sudor, temblor, aumento de la presión sanguínea, palpitaciones, hipertensión, pupilas dilatadas y descoordinación muscular. Visto lo visto, asumí los efectos. Y es curioso porque volviendo a investigar descubrí que la ayahuasca puede ser una terapia efectiva en el campo de la psiquiatría y la psicología, en tratamientos de depresión y ansiedad, así como en problemas de personalidad y esquizofrenia.

Como de costumbre, decidí enfrentar mis miedos para ver qué había al otro lado de ellos.

Te ahorraré toda la parafernalia alrededor del proceso; mi visión de los facilitadores del retiro, totalmente subjetiva, y de las personas que como yo asistieron a la cita, porque no quiero condicionar especialmente tu decisión de acercarte a este brebaje. Pero sí me centraré en mi experiencia. Insisto, mi experiencia. Porque este también es un viaje personal, particular e individual, donde cada uno despierta aquello que le corresponde, libera aquello que necesita y conecta con la información que procede.

Lo que más me sorprendió y pude disfrutar fueron unas visiones (siempre con los ojos cerrados) de colores, formas, luces y destellos parecidas a un caleidoscopio. Multiplícalo por mil, ponlo en tres dimensiones y aún no llegarás a aproximarte al espectáculo al que asistí. En ese momento, ilusionado e intrigado, no paraba de preguntarme: «¿hasta cuándo durará esto?»; no quería que acabara nunca. Y lo mejor es que no era una única forma que se repetía constantemente, sino que cada pocos segundos entraban nuevas formas, concretas y abstractas, a formar parte del baile del caleidoscopio. He dedicado más de dieciséis años al diseño, a la composición de formas, tipografías, fotografías y colores, por lo que puedo imaginar que todos esos recursos se liberaron de algún rincón de mi mente. Pese a eso no dejé de sorprenderme ni un minuto por la belleza del espectáculo que estaba contemplando.

También pude disfrutar de la sensación de separación parcial de mi cuerpo físico. La experiencia fue muy similar a otras ocasiones que ya te he comentado. Quizá aquí una sensación generalizada de flotación e ingravidez, acompañada con sutiles separaciones parciales de brazos y tronco. Creo que te lo estoy contando como algo muy normal, porque lo tengo bastante interiorizado por otras prácticas, pero créeme que es una «atracción» de la que no te quieres bajar y darías lo que fuera por que no terminara nunca.

Entre las experiencias intermedias, tuve algunas visiones con personas desconocidas y otros detalles a los que aún no les he encontrado explicación. Por último, las experiencias más incómodas, que en mi caso no tuvieron nada que ver con los aspectos mencionados del consumo. Es decir, el 80% de las personas vomitan y yo no lo hice, pero mantuve cierto malestar en el abdomen casi todo el tiempo (los procesos duran unas seis horas en su parte más notoria). Respecto al sabor de la bebida, la gente lo aborrece. En mi caso, me pareció un poco amargo, pero llegué a encontrar cierto gusto en ello después de varias tomas a lo largo de las noches que duró el retiro.

Llegados a este punto, quiero aclarar algo que seguramente te tranquilizará, y es el hecho de hacerte saber que tu mente está por encima de los estímulos químicos de la ayahuasca. Me explico. En mi caso llegué a incrementar la dosis básica el primer día porque «no pasaba nada». Mis deseos y expectativas activaron tanto mi cerebro que no permití que sucediera nada hasta que, después de seis horas y el cansancio acumulado, me relajé y comencé a tener los primeros efectos. Y de aquí extraje mi lección: nos acercamos a algo intangible, etéreo, desconocido y eterno, intentando gestionar la situación con nuestra mente racional, cargada de ciencia y conocimientos, sabiendo, habiendo leído y habiéndonos explicado los procesos hasta donde nuestros límites son capaces. Y todo esto no hace otra cosa que condicionar los resultados de la desconocida realidad en la que deseamos adentrarnos.

Y así con todo. Nos hemos vuelto sociedades tremendamente controladoras, donde no dejamos espacio a lo desconocido, a lo imprevisible, a la sorpresa, a lo inesperado... Estamos atados a la perfección, al placer y al saber. De tal modo vivimos a medias, viendo tan solo la mitad de la realidad que nuestro conocimiento racional nos permite.

¿El otro camino? Abrirse a lo desconocido, aceptar nuestra ignorancia de las leyes que rigen la magia de la vida y lo invisible, reconocer e integrar nuestra vulnerabilidad y permitirnos reiniciar el viaje de la vida sin mapas.

Lejos de desvelar alguno de los misterios de mi existencia, ese fue uno de los regalos que me dejó la ayahuasca.

37. ATINA

«Es como si me llenara la cabeza de ideas,
¡solo que no sabría decir cuáles son!».

ALICIA A TRAVÉS DEL ESPEJO

Según la Real Academia Española de la lengua, «atinar» tiene connotaciones de acierto, pero condicionadas en parte por un factor de azar. Voy a anticiparte que ATINA es un acrónimo para facilitar el recuerdo de esta herramienta. Una herramienta que te ayudará a «atinar» en la comprensión de tus relaciones cuando comiences a aplicarla.

A estas alturas del libro coincidirás conmigo en que es innegable que los acontecimientos no son iguales para todos los ojos que los observan, bien por la perspectiva o bien por la agudeza del observador. Traducido a lo que te rodea y acontece en tu vida, podemos afirmar que tú, como yo, interpretas todo lo que ocurre. Y lo divertido del asunto es que un mismo hecho es interpretado por cada persona a su manera.

Desde aquí ya puedes imaginarte de dónde proceden los conflictos en las relaciones que establecemos. Sencillo. Tú lo ves rojo, la otra persona lo ve rosa, el que opina desde fuera lo ve granate y el que pasa de soslayo dice que es bermellón.

En casi todas las ocasiones, cuando formamos parte del debate cromático nos va a resultar más difícil «atinar» en la comprensión porque nos dejamos arrastrar por nuestro ego, al que le encanta llevar la razón. Si tienes la habilidad, las ganas y la humildad de detenerte, estoy convencido de que podrás utilizar este método para comprender mejor las relaciones, incluso la que mantienes contigo.

Pero veamos la escena a cámara lenta.

En primer lugar, decides, más o menos conscientemente, dónde enfocar tu atención («AT»). Eliges una persona, una situación, un comentario, un recuerdo... y nada ocurre en tu balanza emocional. En el primer instante nada proporciona una fuerza u otra como para generar un movimiento en tu emoción. Simplemente has tomado la primera decisión: dirigir tu atención hacia algo. No me detendré ahora en tu capacidad para controlar tu atención, en tu voluntad para dirigirla o en tu conciencia en el momento de elegir dónde depositarla.

En este momento, es cuando decides interpretar («IN») y dar un sentido a aquello a lo que le has prestado tu atención. A la persona que te has encontrado, a la situación que ha ocurrido, al comentario que has oído, al recuerdo que afloró al pasar por aquella cafetería... Aquí, justo aquí, se detonan las fuerzas que moverán tu balanza emocional en un sentido u otro. ¿Cuál? El que tú decidas darle, porque eres tú quien va a interpretar la situación y colorear el fotograma de tu película mental.

Entonces, y haciendo la lectura del revés, si deseas generar un determinado estado emocional, dirige tu atención hacia aquello que posicione tu cerebro más cerca de donde te gustaría estar emocionalmente.

¿Quieres un estado emocional melancólico? Abre el archivo mental de tu infancia o recuerda a los seres queridos que ya no están presentes. ¿Prefieres un cóctel de ansiedad?

Fácil, empieza a mirar hacia la incertidumbre que se esconde tras las esquinas de tu futuro. ¿O más bien te gustaría conectar con aspectos alegres? Recuerda aquel concierto, aquellas vacaciones, o comienza a hablarme de lo que harías si te tocara un premio grande en la lotería. Como ves, tú controlas y diriges tu atención y esta induce un estado emocional casi automático, porque, en este caso, se basa en las interpretaciones de sucesos pasados.

En tu presente se trata de darle un nuevo sentido a los acontecimientos. Pintar los fotogramas de los nuevos sucesos con colores distintos a como venías pintándolos hasta el momento. Es decir, busca nuevas interpretaciones (IN) a los sucesos que te rodean para inducir nuevos estados emocionales, o simplemente desvía tu atención (AT) de determinados acontecimientos para no tener que darles un sentido. Ahora, si tu atención quedó cautiva por el suceso, no te quedará más remedio que buscar la mejor de las interpretaciones, aquella que mejor incline tu balanza emocional.

El pequeño problema radica en que normalmente la velocidad con la que vives no te permite detectar dónde estás posando tu atención ni tu pensamiento, de modo que se activan las interpretaciones del pasado en piloto automático y te encuentras de nuevo con el mismo paradigma emocional.

Comienzas a verlo, ¿verdad? Sí, vale, es cierto que estamos viendo la escena en una ficticia cámara lenta, pero te servirá para comprender el proceso y poder gestionarlo.

Estoy tratándolo de un modo muy básico para acercarte a este sistema, pero puedes elevarlo a todo tipo de relaciones, circunstancias, eventos o a aquello donde suelas tropezar. ¿Y si decidieras dedicar tu atención (AT) e interpretación (IN) a otros aspectos de aquello que se ha convertido en cotidiano o rutinario? Probablemente lo cotidiano dejaría de serlo y la emoción que te solía atrapar ya no sería la misma. Por eso, para afianzar el cambio de patrón de pensamiento, has de darle una nueva interpretación (IN), porque si te fijas (AT) en una nueva característica y sigues dándole la misma lectura, seguirás generando la misma química de siempre y volverás a sentir lo mismo que ya venías sintiendo. Dirigir la atención y elegir la interpretación, salir de los automatismos y tomar las riendas de tu pensamiento; esa es la mecánica.

Vamos con la «A» final.

Para ver resultados tendrás que tomar acción con la nueva información que has creado en tu mente; es la «A» final de nuestro acrónimo (Acción). Puedes expresarte verbalmente para afirmarte en tu nueva visión, puedes aceptarlo mediante una expresión física, puedes escribir tu nueva perspectiva, o puedes realizar actos diferentes a los que acostumbras... Se trata de hacer palpable, físicamente, la nueva experiencia.

Este es uno de los males que acontecen en la actualidad: en nuestra mente todo es rápido, relativamente sencillo, y comprendemos las propuestas pero nos cuesta enormemente tomar acción, asumir el compromiso con nosotros mismos y materializar aquello que creamos en el limbo de nuestro pensamiento.

Rojo, rosa, granate o bermellón, ahora sabes dónde está «atinando» cada uno, es decir, ahora ya sabes dónde han depositado su atención (AT), qué interpretación (IN) le han dado y qué acción (A) han llevado a cabo con esa información. Si tienes la flexibilidad de jugar con este método, estarás despertando un potencial enorme para comprender el mundo, lo que ocurre en él y, sobre todo, las decisiones que toman las personas en base a ello. En definitiva, habrás comenzado a ATINAR.

38. MAGNETISMO

«El corazón tiene razones que la razón desconoce».
Blaise Pascal

En 2006 tuve la oportunidad de ir a un centro médico de vanguardia para acompañar a mis padres a realizarse un análisis de salud. En aquel centro los médicos trabajaban junto a especialistas en terapias alternativas para la salud. Como invitada, tuve la oportunidad de usar algunos de los servicios que ofrecían.

Entré en una sala pequeña pero confortable, me senté en una silla, conectaron un sensor a una computadora y este a su vez a uno de mis dedos. El doctor me pidió que me mantuviera tranquila y relajada mientras permanecía sola en la habitación durante la prueba. Me comentó que mediría a través de los monitores mi capacidad para relajarme y manejar el estrés. Así que comencé mi rutina habitual de meditación: ralenticé mi respiración, relajé mi cuerpo y observé cómo deambulaban los pensamientos por mi mente.

Al poco tiempo, me encontré en mi estado de meditación habitual.

Al cabo de unos diez minutos, el doctor entró de nuevo en la habitación, miró el monitor y me preguntó: «¿Qué has hecho, Cathy?». Le miré desconcertada. Según el doctor y el monitor, mi corazón había entrado en una asombrosa coherencia del 94%.

Quizá hayas oído hablar de la coherencia cardíaca; a esto se refiere Cathy en su experiencia. Hablamos de coherencia, en términos físicos, cuando el estado de las ondas emitidas mantiene una relación constante entre sus fases o estas tienen la misma longitud de onda y fase. Es decir, que la frecuencia de pulsos dibuja un patrón estable y armónico.

Del mismo modo que lo veíamos en el capítulo «Un poco de griego» con las ondas de nuestro cerebro y sus posibilidades, se ha comprobado que nuestro corazón es mucho más que una simple bomba. El corazón es reconocido por los científicos como un sistema altamente complejo con un «cerebro» funcional propio. Recientes investigaciones en neurocardiología demuestran que el corazón es un órgano sensorial y un sofisticado centro para recibir y procesar información. Has leído bien: ¡procesar información!

El sistema nervioso del corazón le permite aprender, recordar y tomar decisiones funcionales independientemente de la corteza cerebral. Además, numerosos experimentos han demostrado que las señales que el corazón envía continuamente al cerebro influyen en la función de los centros cerebrales superiores involucrados en la percepción, la cognición y el procesamiento emocional. Es decir, que el corazón condiciona nuestras supuestas decisiones racionales. De hecho, se puede afirmar que hay más comunicación del corazón al cerebro que a la inversa.

Entre las muchas y sorprendentes funciones del redescubierto corazón se encuentran la producción de una hormona llamada atriopeptina (encargada de regular el equilibrio de líquidos y sales en el organismo), la inhibición de la producción de las hormonas del estrés y la neuromodulación en el sistema nervioso central (gestionando comportamientos sociales, sentimentales y patrones sexuales a través de la liberación de la oxitocina, comúnmente llamada «hormona del amor»).

Además de esto, el corazón es el órgano que produce mayor cantidad de electricidad del cuerpo humano. Las ondas que emite tienen una potencia cinco mil veces superior a las del cerebro, envuelven el cuerpo trescientos sesenta grados y se proyectan entre dos y tres metros alrededor del mismo, pudiéndose llegar a medir todo ello mediante magnetocardiogramas.

Pero, ¿adónde quiero llegar con todo esto, si este es un libro para aprender a domar tu cerebro, verdad? Pues el corazón es otra «herramienta» para lograrlo. Una herramienta en conexión directa con nuestro centro de operaciones. Cuando sientes y mantienes estados emocionales de frustración, rabia, enfado o similares, las señales eléctricas que emite tu corazón son caóticas, desordenadas, inestables y sin armonía. Además de estar enviando este mensaje a tu cerebro y afectando a tus órganos, el corazón de las personas que se encuentran próximas a ti también están sintiendo este pulso magnético.

Habrás oído en muchas ocasiones que tal o cual persona tiene cierto «magnetismo»; ahora probablemente cobre un sentido más lógico esa expresión.

Según el estudio[6] llevado a cabo por el doctor Rollin McCraty y María Zayas, los estados relacionados con el

---

6   *Cardiac coherence, self-regulation, autonomic stability, and psychosocial well-being.* Rollin McCraty (Institute of HeartMath, Boulder Creek, CA, USA), y Maria A. Zayas (Department of Psychology, Brenau University, Gainesville, GA, USA).

amor, la compasión y la gratitud disponen al corazón a emitir una frecuencia estable y ordenada, es decir, un estado de coherencia cardíaca. Cuando logramos alcanzar este estado coherente nos invade una sensación de profundo bienestar y además lo radiamos hacia el entorno.

Ahora, ¿cómo lograrlo?

A lo largo de este libro puedes encontrar muchas propuestas que te llevarán a ese estado coherente y sus beneficios, pero si deseas alcanzar directamente la coherencia cardíaca, apóyate en el siguiente ejercicio que te propongo.

Respira inhalando con la atención puesta en tu corazón, y exhala como si lo hicieras «a través» del plexo solar (unos centímetros por encima del ombligo). Llega a sentir los latidos en tu pecho; no intentes controlarlos, solo obsérvalos, siéntelos y agradece este mágico proceso que te mantiene en conexión con la vida.

A continuación evoca un recuerdo agradable: el amor por alguien, un viaje preferido, una experiencia maravillosa, una persona inspiradora, una expresión de afecto... Ahora quédate ahí. Sigue respirando consciente y amablemente. A medida que te establezcas en ese lugar, llegará un momento en el que sentirás que has entrado en un estado coherente.

Recuerda que la conexión entre cerebro y corazón es una autopista de ida y vuelta, de modo que inducir pensamientos agradables, palabras motivadoras y emociones saludables también ayudará a establecer un patrón de ondas armónicas en ti y en consecuencia en tu entorno más cercano.

39. SUPERSTICIENCIA

*«Cuando es evidente que los objetivos
no se pueden alcanzar, no ajustes los objetivos,
ajusta tus pasos».*
CONFUCIO

Permíteme esta pequeña licencia lingüística, este juego de palabras y el hecho de poner a tus neuronas a trabajar entre dos opuestos. Por «supersticiencia» quiero dar a entender el encuentro, aunque sea tangencial, de los límites de la ciencia con la superstición.

¿Es esto posible? Pues entiendo que en algún punto se desdibujan los límites de lo científicamente explicable y lo sensiblemente perceptible. Y uno de estos delicados puntos nos lleva, en primer lugar, hacia la física cuántica, que es la disciplina encargada de estudiar y explicar la naturaleza de las cosas, pero a una escala espacial muy pequeña, tan pequeña como los átomos o los cuantos.

En esencia, la mecánica cuántica nace a comienzos del siglo veinte con la intención de dar explicación a los fenómenos para los cuales la Física había agotado sus capacidades. De este modo, encontramos sucesos cuánticos verdaderamente asombrosos, como el hecho de que una partícula cuántica no posee solo un valor de una cantidad física, sino todos los valores al mismo tiempo; que dos partículas cuánticas pueden permanecer ligadas pese a encontrarse a distancias ilimitadas y ninguna conexión física de por medio, y que estas, se pueden teletransportar a través del espacio vacío. Interesante, ¿verdad?

Para poder compartir contigo la herramienta que supone este capítulo me gustaría que ojearas el «experimento de la doble rendija» de Thomas Young y la «paradoja de Schrödinger» (también conocida como «el experimento del gato Schrödinger»), o que en su defecto confíes en las conclusiones que compartiré contigo en los párrafos siguientes. Como ya sabes, el objetivo de este libro es sintetizar y aportarte valor sin perdernos en grandes contenidos (eso ya lo hice yo por ti).

Se pueden extraer muchas interpretaciones, pero algo que queda claro en los experimentos con partículas (¡nosotros somos partículas también!) es que la observación de las mismas altera el hecho observado. Es decir, que los acontecimientos se ven condicionados, alterados y modificados por el hecho de ser observados. ¡Has leído bien!

Según la mecánica cuántica, se ha demostrado que infinidad de posibilidades son potencialmente factibles hasta que interviene «el observador». En ese momento todo el universo de posibilidades se concreta en una sola.

Por favor, quédate de momento con esta teoría; vamos con la parte supersticiosa.

Estoy convencido de que habrás considerado en alguna ocasión importante de tu vida el hecho de no compartir determinado acontecimiento futuro por una especie de miedo, duda o superstición, *a priori* sin sentido. ¿Recuerdas esa venta tan importante para ti?, ¿recuerdas las entrevistas de ese proceso de selección?, ¿y esa cita en la que tanto interés habías depositado? Por un momento pensaste, sin saber muy bien por qué, que no se lo contarías a nadie, que permanecería en estricto secreto dentro de ti hasta lograrlo.

¿Por qué? ¿Dónde está la lógica de querer mantener en secreto algo tan estupendo como lo que te estaba ocurriendo? Pues no lo sabemos a ciencia cierta, pero lo curioso es que en otras ocasiones lo has publicado a los cuatro vientos, lo has compartido, lo has comentado tomando un café con las amigas, y... ¡sorpresa! al final no salió como esperabas. Entonces te preguntas: «¿habría sido otro el resultado si no lo hubiera compartido con nadie?».

Al igual que en la caja del gato de Schrödinger, nunca lo sabremos porque el suceso ya ha ocurrido, se ha desvelado, y la infinitud de posibilidades cuánticas se han concretado en una sola.

¿Adónde quiero llegar con todo esto?

Me gustaría que comprobaras y experimentaras cómo cambian los acontecimientos de tu vida cuando reduces al mínimo el número de observadores, o sea, exclusivamente a ti. La premisa del experimento es aceptar la posibilidad de que los resultados se alteran por la cantidad y la calidad de los observadores del mismo, como afirma la mecánica cuántica.

Es innegable que cuando compartimos algo a lo que damos mucha importancia despertamos en la persona que nos escucha un sinfín de reacciones físicas, químicas, de pensamiento, emocionales, y a saber qué más, que aún somos incapaces de medir.

¿Aceptarías la posibilidad de creer que cada nuevo observador de «tu suceso» puede alterar el resultado del mismo?

Obviamente es un experimento sin contraste, es decir, no vamos a poder comparar científicamente los mismos acontecimientos en iguales circunstancias porque el laboratorio de la vida juega con otros parámetros, pero a medida que pongas en práctica esta herramienta se irá creando en ti una firme convicción de que algo diferente sucede cuando hacemos pública determinada información.

Para aplicar esta propuesta –o este experimento si lo prefieres–, solo se trata de guardar silencio, de mantener una postura hermética respecto a aquello en lo que tienes puesto un gran interés, de guardártelo hasta que finalmente veas cómo se materializa. Porque todo en la vida es voluble, mutable, abierto y potencialmente infinito hasta que le damos forma, y créeme que la palabra a través de la vibración y la frecuencia de su sonido comienza a ser una materialización del mundo abstracto del pensamiento al mundo concreto de lo físico.

40. MALVAVISCO

*«Vivir solo buscando la seguridad y la comodidad es vivir
dentro de unas murallas donde se está muerto».*
J.M. Fericgla

Simplificando mucho, coincidirás conmigo en que el grueso de decisiones que tomamos a lo largo de nuestra vida las llevamos a cabo siguiendo un filtro muy sencillo: «¿obtendré placer o dolor como resultado de mi decisión?». Sí, digamos, en términos económicos, que buscamos maximizar el placer y minimizar el dolor.

Entiende por dolor todo aquello que necesita un extra de esfuerzo, sacrificio y entrega por tu parte; el vivir circunstancias que no elegirías voluntariamente, hacer cosas que no entran dentro de tu apetencia o dedicar tiempo a actividades que no repercuten en un placer inmediato; sentir emociones que no quieres, renunciar a algo de lo que no deseas desprenderte o tener que dar un adiós inesperado; sentir la molestia de una lesión, asumir cada edad que te corresponde vivir o dedicar tiempo a tareas domésticas. Lo dejo aquí porque la lista sería interminable.

Hay tantas cosas que proporcionan dolor al cabo del día como cosas que proporcionan placer. Y este difícil equilibrio en la realidad que vivimos en las sociedades modernas apunta ostensiblemente a anestesiarnos contra los dolores cotidianos. Vivimos en una especie de burbuja en la que se ha vuelto casi anecdótico encontrarnos con algún sobresalto, con alguna ingrata sorpresa o con situaciones que nos generen cierta incomodidad de verdad. Todo se reduce a pequeños desvíos de nuestras expectativas.

Pero llega. El dolor termina por aparecer de nuevo en nuestra vida. De una forma u otra, con mayor o menor intensidad, de un color u otro, frontal o tangencialmente a nosotros, llega.

El punto interesante de esta irrupción no deseada es el pequeño vacío que se genera antes de tomar una decisión respecto a este dolor. Normalmente, la decisión casi automática se ha generalizado: mirar hacia otro lado, obviarlo, taparlo, evitarlo, huir, no reconocerlo... En definitiva, decidimos anestesiarnos para no escuchar, física o emocionalmente, la propuesta que nos ofrece el dolor. Matamos al mensajero y en consecuencia perdemos el mensaje. O confundimos al mensajero con el mensaje, dando por hecho que el propio dolor ya es el mensaje.

En cualquier caso, ante la presencia de cualquier dolor corremos despavoridos, y no por su dureza, que puede que la tenga, sino porque hemos perdido la costumbre de mirarlo de frente, a los ojos, detenidamente, esperando pacientes a descubrir la lección que guarda para nosotros. Creímos que el propio dolor era la lección, lo dimos por hecho y huimos creyéndonos aleccionados.

Y a la larga, sálvese quien pueda, esta conducta nos va llevando progresivamente a un estancamiento, a una vida descafeinada, insulsa, sobreprotegida, deteriorada en sus raíces, donde los placeres ya no son tan placenteros, o necesitamos dosis más fuertes para sentirlos porque hace tiempo que evitamos la intensidad de su contrarios.

En este progresivo «mirar hacia otro lado» también incluyo las emociones y los sentimientos.

Tapamos, mezclamos y nos engañamos creyendo que todo adquiere un orden por sí mismo. Y no hay otro orden que arremangarse, mancharse y ponerse manos a la obra para rascar y limpiar los restos de aquello que no pudo ser, de aquello que fue y terminó o de aquello que nunca quisimos que dejara de ser. Reconocerlo, aceptarlo e integrarlo implica dolor, el dolor de limpiar nuestro corazón y nuestra mente de los restos de cada naufragio. Pero lo fácil es volver a la mar sin importar si nuestro navío tiene provisiones, si hemos cambiado los mapas o si la proa soportará otra embestida de la vida.

Mi propuesta desde este capítulo no es abrazar el sufrimiento. No estamos diseñados para el mismo. El sufrimiento es una decisión personal; la decisión de convertirse en amantes perennes del dolor, como el absurdo amor de un cautivo por su captor. Mi propuesta, en cambio, sí es el dolor. Estamos diseñados para sentirlo, pero en algún momento de esta película nos creímos invulnerables o con el poder de sortearlo mágicamente. Nada más lejos de la realidad.

Dice una frase de Jerzy Gregorek: «Decisiones duras, vida fácil. Decisiones fáciles, vida dura». Aquí es donde me gustaría que tomaras el testigo de este capítulo, si así lo sientes.

Cuando indagamos en la vida de aquellas personas que consideramos «de éxito» —y da igual el significado que le demos al mismo—, encontramos importantes dosis de dolor. Aunque tampoco hemos de irnos muy lejos: puedes mirar a tu alrededor en busca de ese éxito cotidiano que también anhelas y ver entre sus ingredientes que también se ha cocinado con dolor. Pero no el tipo de dolor que ya viene de serie con la vida, sino un dolor pactado, buscado, tentado y provocado para hacer acto de presencia.

Esta es mi invitación: añade dosis de dolor a tu vida.

Sí, suena fatal, pero hace muchísimo bien. Pregúntate qué cosas de las que das por hecho podrías apartar un tiempo de tu lado o busca cuál es el dolor que te haría crecer. ¿Privarte de ciertos alimentos-trampa que sueles consumir? ¿Evitar esa salida escopetada y eufórica hacia los planes del fin de semana? ¿Volver a estudiar? ¿Comenzar a entrenar? ¿Renunciar al rutinario café de las mañanas? Seguramente una semana sin tomarlo vuelva a devolverle el sentido de placer que tuvo en su día. Solo tú sabes cuáles son tus áreas de dolor y las recompensas que se esconden al otro lado de las mismas.

Esta propuesta, basada en las conclusiones de Walter Mischel –psicólogo de la universidad de Stanford– y su experimento del malvavisco, verdaderamente funciona y provoca cambios en la apreciación y sentido que le damos a la vida, pero no es nada divertida. Digamos, de nuevo en términos económicos, que el dolor es el activo que has de invertir en el corto plazo para obtener rentas de placer en el medio y largo plazo. Si invertimos la ecuación, el resultado se invierte del mismo modo.

Igual que vas a entrenar soportando esas pequeñas dosis de dolor en forma de agujetas, tiempo dedicado, pereza gestionada los días de lluvia y las cincuenta alternativas que te propone tu cerebro, estoy convencido de que puedes extrapolar a otras áreas de tu vida esta incomodidad porque, como ya habrás podido comprobar, no hay crecimiento sin esfuerzo ni resultados sin dedicación.

EPÍLOGO

Imagino que llegas a estas líneas tras haber leído todos los capítulos, o quizá tu inquietud te acercó hasta este rincón antes de adentrarte en cada propuesta. En cualquier caso, y a modo de guinda para este pastel, quiero dejarte los que, a mi buen entender, son los dos pilares fundamentales sobre los que edificar los objetivos de tu vida.

El primero de ellos –y que no me cansaré de repetir– es el hecho de parar, de detenerte interior y exteriormente. Porque desde la quietud se puede observar, desde la calma se aprecian los detalles y a una velocidad menor distinguimos los paisajes del viaje de nuestra vida.

Comenzaba Juan Ramón Jiménez en uno de sus versos así: «¡*No corras, ve despacio, que adonde tienes que ir es a ti solo*!». Pero en algún momento creímos que el destino era exterior, confundiendo los medios con el fin último. Y al no encontrar allá afuera, insistimos con mayor profusión en intención y velocidad. Nos perdimos en la acumulación material, en la memorización de conceptos, en el excesivo pensamiento y el maximalismo. Cada vez más rápido, más grande, más lejos, más fuerte, más y más...

«Conócete a ti mismo» figuraba inscrito en el Templo de Apolo. Pero nos perdimos en otros conocimientos más allá de nosotros. Este es el primer gran pilar: detente, encuéntrate contigo, haz las paces y siéntate a observarte; no te juzgues, sé amable, respira hondo y obsérvate en la quietud.

Comprobarás que no es solo el acto de detenerte en sí mismo, sino los ingredientes que lo acompañan: silencio, soledad, calma, y profunda presencia. Ellos, y la aparición de sus contrarios, son los maestros que van retirando los velos que cubren la conciencia, entregándote así, poco a poco, las llaves de las puertas de tu mente. Es ahí donde se disuelve el sufrimiento, se riega la semilla de la sabiduría profunda y brotan los primeros destellos de sencillez de la vida.

¿Sabes ese espacio que hay entre canción y canción, ese tiempo entre bocado y bocado, esos días entre vacaciones y vacaciones, ese aire que coges entre beso y beso? Esa es la parada de la que hablo, la que nos ayuda a saborear el instante y nos devuelve la conciencia de la apreciación; el pequeño vacío que permite que la copa se vuelva a llenar para volver a brindar por los pequeños detalles que dan sentido a la vida. Sin estas pausas, alrededor nuestro todo pierde sus matices.

Abandona el miedo al vacío, abrázalo, y dejarás de llenarte con cualquier cosa.

Por paradójico que pueda resultarte, el segundo pilar fundamental, o la segunda guinda de este pastel, es el hecho de hacer. «Pero David, ¿me propones que pare, que me detenga, y ahora que haga?». Así es, pero permíteme explicarme.

Como comentábamos antes, vivimos en sociedades hiperintelectualizadas, lo cual nos ha reportado grandes conocimientos y variados saberes en el mejor de los casos. Hoy es relativamente sencillo ver «la paja en el ojo ajeno» y ser capaces de ofrecer un abanico de variopintas soluciones.

¿Pero qué ocurre cuando se trata de nosotros mismos?

Igualmente conocemos, hemos leído, tenemos referencias de personas que nos pueden asistir, hay precedentes a los que recurrir... En definitiva, tenemos el saber de lo que deberíamos hacer. Pero nos quedamos ahí.

Esta es mi crítica cuando digo que estamos «hiperintelectualizados». ¿De qué nos sirve el exceso de información en el que nos bañamos cada día si no somos capaces de aplicar ese conocimiento? Lo leemos y releemos por doquier, nos vemos reflejados en vídeos que hablan de nuestro potencial, y lo compartimos con personas en la misma situación, pero nos perpetuamos en esa burbuja de saber y no hacer.

Este es el hacer del que te hablo.

Comprenderás ahora por qué enfoqué este libro en propuestas prácticas. Sabía que dejarlo en teorías solo haría que te quedaras donde estabas, agrandando –más si cabe– tu burbuja de conocimientos. Nos encanta escuchar la música, pero nos cuesta salir a bailar. Por eso, *El domador de cerebros* es la música y es la mano tendida al borde de la pista para ti.

No tienes que bailar todas las canciones; tú ya sabes las que te gustan, cuáles vas a disfrutar más o las que serán todo un reto para ti. ¡Solo te pido que bailes! Que le cojas la mano a la vida y te lances a la pista, que hagas el ridículo, que tropieces, que te muevas sin coordinación y que desafines gritando tu canción... pero baila, por favor.

Ahora, amablemente, permíteme que cierre este libro, extienda mi mano y te lo vuelva a entregar...

¿Bailamos?

AGRADECIMIENTOS

Poniendo en práctica el capítulo correspondiente del libro, no podía cerrarlo sin expresar mi profundo agradecimiento a personas que han dejado algún tipo de huella en mí y en consecuencia en el libro que ahora lees.

Empezando por mi padre, al que debo gran parte de lo que alcancé en mi vida, por mostrarme siempre caminos y dejarme decidir, por hacerme sentir dueño de mi vida, por esa conexión tan especial que nos une, por ser un digno ejemplo para la humanidad y por su sabiduría desde la humildad. Gracias papá.

A mi madre, por haberme abierto la puerta a este mundo, por haberme llevado con ella durante nueve meses, por haberme perdonado sin condiciones tantos errores y por su confianza ciega en mí. Gracias mamá.

A mi hermano, por el enorme vínculo de amor que nos une, por apoyarme, por aconsejarme, por enseñarme su paciencia infinita y su eterna sonrisa. Gracias Rubén.

A Juana, por su entrega incondicional, por su guía, por saber perdonarme, por animarme a alcanzar mis sueños, por cuidar de papá y por mostrarme el valor de la familia. Gracias Juana.

A Ester, por sembrar el camino con semillas de paciencia, amabilidad, confianza, dulzura y amor; por abrirme, «*poc a poc*», las puertas de su hogar y las de su corazón. Te admiro. Gracias Ester.

A José Luis, por mostrarme cómo es una persona íntegra, por el valor del trabajo, la disciplina y el esfuerzo, por estar siempre ahí, por no tirar la toalla conmigo, por aquellas noches de verano inolvidables de la adolescencia y por recordarme que un hermano no tiene por qué tener la misma sangre. Gracias José.

A Karen, por lo bonito que vivimos, por lo que compartimos, por lo que creamos, porque fuimos capaces de construir algo muy bello con los restos de nuestra caída y por estar siempre ahí, incondicional. Gracias Karen.

A Carmen, porque en medio del barro intuyó una flor de loto en gestación, porque con sutileza guió la conexión de los puntos, porque me animó con el libro cuando dudé, por compartir conmigo su conocimiento desde el corazón y por creer en mí. Gracias Carmen.

A Cris, por la pasión que compartimos, por el gran aprendizaje que supuso convivir, por mantener la cordura cuando yo la perdí en la enfermedad, por atreverse conmigo y por su maravillosa y sanadora sonrisa. Gracias Cris.

A Hugo, por ese ojo entrenado para mostrar la belleza en los detalles, por mejorar lo que un día pude compartir contigo, por nuestras conversaciones acerca de lo divino y lo humano, por haber confiado en nosotros cuando yo me perdí. Gracias Hugo.

A Javier, porque gracias a su sueño y a su escuela aprendí a gestionar mis emociones y a ponerme en paz con mi pasado. Por darme la oportunidad de formar parte de su proyecto, por cuidarme y por confiar en mí. Gracias Javier.

A Juan, por su sabiduría al detectar lo que no supe pedirle, por su valentía al tomar acción, por su ayuda, y por acariciar con minuciosidad, elegancia y sensibilidad los errores que cometí en la redacción de este libro. Gracias Juan.

Y a tantas otras personas que en algún momento se cruzaron conmigo, resultado de pequeñas «causalidades» de la vida, de partículas de tiempo compartidas, incluso de roces de piel fortuitos cargados de intencionalidad.

Finalmente, gracias también a las desconocidas leyes del universo por habernos dado la oportunidad de coincidir, a ti y a mí, a través de este libro.

BIBLIOGRAFÍA

- *Adeptos: mensajeros de la sabiduría eterna.* Carmelo Ríos, 2001. Marsay Ediciones.

- *Aprenda a usar y dirigir la energía.* Michael Miller, 2000. Editorial Sirio.

- *Aprendiendo de los mejores.* Francisco Alcaide Hernández, 2016. Alienta Editorial.

- *Autobiografía de un Yogui.* Paramahansa Yogananda, 2008. Asociación Ananda Ediciones.

- *Budo secreto.* Carmelo Ríos, Michel Coquet, 1998. Ediciones Obelisco.

- *Cerebro de pan.* David Perlmutter, Kristin Loberg, 2016. Punto de lectura.

- *Cómo ganar amigos e influir sobre las personas.* Dale Carnegie, 2008. Elipse.

- *Cómo suprimir las preocupaciones.* Dale Carnegie, 1984. EDHASA.

- *Desarrolla tu cerebro.* Joe Dispenza, 2009. La Esfera de los libros.

- *Desarrolla tu magnetismo.* Guy Biadatti, 1995. Ediciones Robinbook.

- *El arte de cuidar a tu niño interior: reencontrarse con uno mismo.* Thich Nhat Hanh, 2017. Ediciones Paidós Ibérica.

- El arte de la paz. Morihei Ueshiba, 2009.Editorial Kairós

- *El código del samurai: Bushido.* Inazo Nitobe, 2002. Ediciones Obelisco.

- *El diálogo del silencio: escuela de la respiración.* Itsuo Tsuda, 2011. Budo International Publishing Company.

- *El espíritu del aikido.* Ueshiba Kissomaru, 1988. Eyras.

- *El futuro de nuestra mente.* Michio Kaku, 2017. Debolsillo.

- *El Kybalion.* Hermes Trismegisto, 1985. Editorial EDAF.

- *El libro tibetano de la vida y de la muerte.* Rinpoche Sogyal, 2015. Urano.

- *El método Silva de control mental.* José Silva, 2006. Ediciones B.

- *El mundo de Sofía.* Jostein Gaarder, 2003. Siruela.

- *El poder del ahora.* Eckhart Tolle, 2007. Gaia ediciones.

- *El poder del pensamiento.* Alfa Jess Stearn, 1984. Editorial EDAF.

- *El silencio habla.* Eckhart Tolle, 2009. Gaia Ediciones.

- *Feng shui: la armonía del vivir.* Juan M. Álvarez, 2002. Editorial Sirio.

- *La búsqueda del Ki.* Kenji Tokitsu, 2006. Paidotribo.

- *La enzima prodigiosa.* Hiromi Shinya, 2015. Punto de lectura.

- *La medicina del alma.* Eric Rolf, 2015. Editorial Planeta.

- *La vía del desprendimiento.* Itsuo Tsuda, 1992. Eyras.

- *Los mensajes de los sabios.* Brian Weiss, 2000. Ediciones B.

- *Metafísica 4 en 1.* Conny Mendez, 2016. Arkano Books.

- *Mindfulness.* Thich Nhat Hanh , 2016. Ediciones Librería Argentina.

- *Mikkyo: budismo esotérico japonés.* José M. Collado, 2007. Shinden Ediciones.

- *Muchas vidas, muchos maestros.* Brian Weiss, 2005. Ediciones B.

- *Poder sin límites.* Anthony Robbins, 2010. Debolsillo.

- *Seis sombreros para pensar.* Edward de Bono, 2008. Ediciones Paidós Ibérica.

- *El arte de la guerra.* Sun Tzu, 2004. Hojas de Luz.

- *Tao te king: el libro del tao.* Lao-tzu; Lao-tse, 2016. José J. Olañeta Editor.

- *Transforma tu mente.* Dalai Lama, 2001. Ediciones Martínez Roca.

- *Un sombrero para su mente.* Edward de Bono, 2004. Empresa Activa.

- *Uno: la escuela de la respiración.* Itsuo Tsuda, 2005. Budo International Publishing Company.

- *Zen en 10 sencillas lecciones.* Anthony Man-tu Lee y David Weiss, 2003. Ediciones B.

- *Zen en el arte del tiro con arco.* Eugen Herrigel, 1979. Gaia Ediciones.

KOLIMA
BOOKS